AF126319

Elisabeth Badinter

MACHT UND OHNMACHT EINER MUTTER

Kaiserin Maria Theresia und ihre Kinder

Aus dem Französischen von
Stephanie Singh

Paul Zsolnay Verlag

Die Originalausgabe erschien 2020 unter dem Titel *Les conflits d'une mère. Marie-Thérèse d'Autriche et ses enfants* im Verlag Flammarion, Paris.

Die Herausgabe dieses Werks wurde vom Publikationsförderungsprogramm des Institut français unterstützt.

1. Auflage 2023

ISBN 978-3-552-07344-9
© Éditions Flammarion, Paris, 2020
Alle Rechte der deutschsprachigen Ausgabe
© 2023 Paul Zsolnay Verlag Ges. m. b. H., Wien
Satz: Nele Steinborn, Wien
Autorinnenfoto: © action press
Umschlag: Anzinger und Rasp, München
Motiv: © akg-images
Druck und Bindung: CPI books GmbH, Leck
Printed in Germany

MIX
Papier | Fördert
gute Waldnutzung
FSC
www.fsc.org   FSC® C083411

Für Judith

»Die Erziehung meiner Kinder war immer mein
wichtigstes und liebstes Anliegen.«

Maria Theresia von Österreich, April 1774

INHALT

VORWORT

In meinem Buch *Maria Theresia*[1] habe ich das Porträt einer Frau
in einer Machtposition gezeichnet. Kaiserin Maria Theresia war
Mitte des 18. Jahrhunderts die mächtigste Herrscherin Europas.
Alle, die mit ihr Umgang hatten – Männer wie Frauen – waren be-
eindruckt von ihrem Charme, ihrer Anmut und großen Verfüh-
rungskraft. »Sie erobert alle Herzen«, pflegte man damals zu sagen.
Ausländische Botschafter waren sich einig, dass sie die Kunst der
Diplomatie beherrschte und großes psychologisches Geschick be-
saß. Ihr Biograf Alfred von Arneth sprach von einer »huldvolle[n]
Milde« und einem eisernen Charakter.

Mein Ziel war es, Maria Theresia als politische Ausnahmeer-
scheinung und als Ehefrau zu beleuchten. Zugleich wunderte ich
mich, wie sehr sie sich als Mutter gegenüber ihrer Kinderschar ein-
brachte. Zu ihrer Zeit und in ihrem gesellschaftlichen Milieu war
diese Art der Fürsorge nicht in Mode. Zumal man sich fragen muss,
wie es ihr gelang, ihre verschiedenen Rollen miteinander in Ein-
klang zu bringen.

Ich wollte wissen, welche Art von Mutter sie war, wie sie ihre
Kinder erzog und sich ihnen gegenüber verhielt. Diese intime Betrachtung ihrer Mütterlichkeit wäre ohne die bereits veröffentlichte

---

[1] Elisabeth Badinter: *Maria Theresia. Die Macht der Frau*, übers. v. Horst Brühmann
u. Petra Willim, Wien: Zsolnay, 2017.

Korrespondenz unmöglich gewesen, ist aber auch vielen unveröffentlichten Dokumenten aus Archiven zu verdanken. Dazu gehören Berichte der Erzieherinnen ihrer Kinder oder Briefe von Vertrauten der Königin.[1] Diese neuen Quellen lassen eine Frau sichtbar werden, die sich stark von der Kaiserin unterscheidet und ein zweites Porträt erfordert, das die Mutter zeigt. Es bleibt eine Skizze, weil sich in den Archiven oft keine Informationen über Maria Theresias Verhältnis zu einigen ihrer jüngeren Kinder findet, mit denen sich ihr späteres Verhältnis zum erwachsenen Nachwuchs erklären ließe. Angesichts fehlender Zeugnisse bleibt die Konzentration auf das, was wir wissen.

Zu Lebzeiten wurde Maria Theresia einmütig als »zärtliche Mutter« bezeichnet. Das mag die Leserschaft des 21. Jahrhunderts überraschen. Doch dieser Ausdruck hat heute eine andere Bedeutung. Damals bezeichnete er eine Mutter, die sich gegenüber ihren Kindern fürsorglich verhielt, nicht eine, die Zärtlichkeiten verteilte und ihren Kindern zur Verfügung stand. In der ersten Hälfte des 18. Jahrhunderts hatte die Lehre des Augustinus noch großes Gewicht, die Kinder traditionell als unvollkommene, von der Ursünde belastete Wesen darstellte. Kinder galten demnach als unwissend, wankelmütig und von Natur aus schuldig. Die augustinische Pädagogik stand für eine repressive Erziehung; die Wünsche des Kindes sollten unterdrückt werden. Eltern wurden angehalten, sich kühl und streng zu geben, während uns heute mütterliche Zärtlichkeit wichtig ist und Kinder als unschuldig und vorrangig gelten.

Maria Theresia war gewiss keine Anhängerin der augustinischen Pädagogik, ignorierte sie aber auch nicht. In der Erziehung gab sie

---

1 Bevor ihr Mann Franz Stephan von Lothringen 1754 Kaiser des Heiligen Römischen Reiches wurde, trug Maria Theresia den Titel Königin. Nach seiner Krönung trug sie den Titel Kaiserin, obwohl sie sich geweigert hatte, gekrönt zu werden.

sich keineswegs diplomatisch. Sie sprach offen und direkt von der Psychologie, die uns heute so wichtig ist. Damit begründete sie einen neuen Abschnitt in der Geschichte der Mütter, der sich bis ins 20. Jahrhundert fortsetzte: die bürgerliche, aktive Mutter, die sich für Leben und Zukunft jedes ihrer Kinder verantwortlich fühlte. Eine Mutter, die die Moderne vorwegnahm, ihre verstorbenen Kinder beweinte, sich um ihre kranken Kinder sorgte, sich für alle Belange der Kinder verantwortlich und wegen all ihrer Probleme schuldig fühlte. Wie viele – auch heutige – Mütter konnte auch sie Ungeschicklichkeiten, Fehler oder gar Ungerechtigkeiten nicht vermeiden. Sie war eben keine Vorzeigemutter, sondern eine echte Mutter.

I

DIE KAISERLICHE MUTTER

Hinsichtlich ihrer Mutterrolle unterschied sich Kaiserin Maria Theresia[1] scheinbar nicht von anderen Herrscherinnen ihrer Zeit und selbst nicht von Frauen aus dem damaligen Hochadel. Zu Recht wurde mancherorts darauf hingewiesen, dass sie sich öffentlich in Begleitung ihrer Kinder zeigte, um sich als gute Mutter – des eigenen Nachwuchses und der von ihr regierten Völker – zu inszenieren. Heute würden wir das als bemerkenswerten Sinn für politische Kommunikation bezeichnen. Manche behaupteten sogar, die Kinder würden nur im Sinne einer bestimmten öffentlichen Wahrnehmung instrumentalisiert.

In Wahrheit jedoch war Maria Theresia als Mutter in der ersten Hälfte des 18. Jahrhunderts einzigartig. Jenseits der öffentlichen Darstellung kümmerte sie sich fürsorglich um ihre Kinder und legte ein mütterliches Verhalten an den Tag, das in ihrer gesellschaftlichen Schicht nahezu unbekannt war. Unter anderem war sie zu ihrer Zeit die Einzige, die ein Großreich regierte,[2] bis zu 15 Stun-

---

1 Geboren und gestorben in Wien als Erzherzogin Maria Theresia von Österreich, 13. Mai 1717–29. November 1780.

2 Katharina die Große ist nicht mit ihr vergleichbar. Sie war zwar Kaiserin von Russland, brachte aber nur zwei Kinder zur Welt: Paul, geb. am 20. September 1754, und Anna Petrowna (geb. am 20. Dezember 1757), die schon mit 15 Monaten starb. Direkt nach der Geburt wurden ihr die Kinder von der damaligen Regentin, Kaiserin Elisabeth, entrissen. Die junge Katharina durfte keinen Einfluss auf die Erziehung und Ausbildung des zukünftigen Zaren Paul I. nehmen.

den täglich arbeitete,[1] zwei siebenjährige Kriege führte und dabei in 19 Jahren 16 Kinder zur Welt brachte. Drei Mädchen starben sehr früh; die Erziehung der anderen 13 Kinder überwachte Maria Theresia eng.

Sie war eine wahre Mutter, immer in Sorge um ihre Kinder und stets beschäftigt mit Entscheidungen, die ihre Kinder betrafen. Damals gebot der Anstand, nicht viel über die eigenen Kinder zu sprechen, doch sie tat es trotzdem häufig, fragte andere um Rat und ängstigte sich noch wegen der kleinsten Erkrankung. Gleichzeitig war sie die absolutistische Herrscherin des Habsburgerreichs, musste ihre Pflicht erfüllen, die österreichischen Erblande stabilisieren und den Frieden bewahren. Oft war sie zerrissen zwischen Muttergefühlen und kaiserlichen Verpflichtungen. Diese beiden Rollen standen häufig im Gegensatz zueinander.

Welche Art Mutter war sie?

Durch ihren Status als absolutistische Herrscherin verfügte Maria Theresia über enorme Autorität, sowohl im öffentlichen als auch im privaten Bereich. Sie traf alle Entscheidungen und stellte alle Vorschriften selbst auf. Fest steht, dass sie sich nicht am Vorbild ihrer eigenen Mutter Elisabeth Christine orientierte, die wenig präsent und kaum an ihren zwei kleinen Töchtern interessiert war.[2] Als ihre wahre Mutter betrachtete Maria Theresia bis zum Schluss

---

1 Ihr Terminplan war so voll, dass sie unter einem Brief ihres Freundes Tarouca notierte, sie habe keine Zeit gehabt, sein Paket zu öffnen, da sie »zu beschäftigt mit […] der Versorgung der Kinder« gewesen sei. ÖStA HHStA *LA Belgien* DD-B blau 1–2, f. 86 r. [1751?–1752?].

2 Elisabeth Christine von Braunschweig-Wolfenbüttel (1691–1750), verheiratet mit Karl VI., gebar vier Kinder: den Sohn Leopold (13. April – 4. November 1716) sowie die drei Töchter Maria Theresia (13. Mai 1717–29 November 1780), Maria Anna

ihr Kindermädchen, Gräfin Karolina Fuchs, genannt Charlotte, die auch »Mami« genannt wurde und bis zu ihrem Tod 1754 bei der Kaiserin blieb.[1]

Die Kaiserin hatte jedoch weder den Humor noch die große Fröhlichkeit der Gräfin Fuchs, die sich wiederum nicht um Regierungsgeschäfte und die Erziehung von 13 Kindern kümmern musste. Maria Theresias Aufstieg zur höchsten Machtposition trug zur Umkehr der traditionellen elterlichen Rollen bei. Ihr geliebter Ehemann Franz Stephan von Lothringen[2] war ein zärtlicher Vater, der seine Kinder gerne glücklich sah, vor allem die Töchter. Seine Karriere im Militär war gescheitert und er hatte nicht das Format eines großen Politikers, war aber seinen Kindern gegenüber in einer Weise herzlich und aufmerksam, die zur damaligen Zeit nicht allgemein üblich war. Er war ein liebevoller, verspielter Vater, der keine Angst hatte, seine Zuneigung auszudrücken. Hart durchgreifen war nicht seine Stärke. Einige Tage nach seinem Tod schrieb Gräfin Leopoldine Kaunitz an ihre Schwester, Prinzessin Eleonore von Liechtenstein: »Der Kaiser an sich [eher der Privatmann als der Kaiser] muss uns sehr fehlen; nie hat man einen besseren Gebieter, *einen so guten Vater*, einen so ehrlichen Menschen gesehen, einen wahren Freund, wenn er sich für jemanden interessierte, der zu allen freundlich war.«[3]

(14. September 1718 – 16. Dezember 1744) und Maria Amalia (5. April 1724 – 19. April 1730). Nur Maria Theresia und Maria Anna überlebten.

1 Nach ihrer Krönung im Oktober 1740 ernannte Maria Theresia Gräfin Fuchs zu ihrer Obersthofmeisterin. Als solche war diese bei öffentlichen Auftritten und im Alltag ständige Begleiterin der Kaiserin.

2 8. Dezember 1708 – 18. August 1765.

3 Neapel, 31. August 1765; Staatliches Gebietsarchiv von Litoměřice (der Annex befindet sich in Židenice, Tschechien), *Lobkowitz-Archiv*, P 16/19, Hervorhebung von der Autorin.

Franz' väterliche Zärtlichkeit erstreckte sich sogar auf jene drei Schwiegertöchter, die er noch kennenlernte: Isabella von Bourbon-Parma, die erste Frau seines ältesten Sohns Joseph II., Maria Luisa, Infantin von Spanien und zukünftige Frau seines Sohns Leopold II., sowie Maria Josepha von Bayern, Josephs zweite Frau. Mehrmals schrieb er seinem Botschafter in Spanien, Rosenberg, um seiner zukünftigen Schwiegertochter Maria Luisa zu versichern: »Sie wird in mir stets einen zärtlichen Vater finden. [...] Ich arbeite daran, ihr einen Ehemann zu formen, der zu ihr passt. [...] Sie wissen, wie sehr ich meine Kinder liebe, und ich betrachte auch sie als eines von ihnen.«[1] Später heißt es: »Ich empfehle Ihnen besonders, sie anzuregen, mir zu jeder Zeit gänzlich zu vertrauen, da es mir eine Freude sein wird, ihr in allem zu helfen. [...] Meine Schwiegertochter [Isabella] hat gute Erfahrungen damit gemacht, und ich wage zu hoffen, dass ich sie nicht beschämen werde.«[2] Später kam er nochmals auf Rosenberg zurück, der Maria Luisa überzeugen sollte, »dass ich ihr stets mehr Vater sein werde als meinen eigenen Kindern und versuchen werde, ihr bei jeder Gelegenheit hilfreich und nützlich zu sein. [...] Ich verspreche ihr gewiss jede nur mögliche Freundschaft und Zuneigung«.[3] Schließlich schrieb er noch: »Ich befehle Ihnen, sie meiner Freude darüber zu versichern, dass sie Teil meiner Familie ist, und das ist wahrhaft kein Kompliment. [...] Ich meine, in ihr [auf Porträts] eine große Zartheit zu erkennen, und freue mich darauf, sie zu küssen und ihr gut zu sein.«[4]

Doch Franz Stephan sollte keine Gelegenheit haben, seiner Schwiegertochter zu beweisen, dass es sich nicht um bloße Lippenbekenntnisse handelte. Knapp zwei Wochen nach der Hochzeit

1   Schönbrunn, 8. Juni 1763; KLA *Familie Orsini-Rosenberg 75*, Fasz. 64/351 g.
2   12. November 1763; ebd.
3   16. Januar 1764; ebd.
4   8. März 1764; ebd.

Leopolds mit Maria Luisa starb er unerwartet. Seine dritte Schwiegertochter Josepha bezeugte die ausnehmende Freundlichkeit ihres liebevollen und aufmerksamen Schwiegervaters. Die unglückliche Josepha war von abstoßender Hässlichkeit, schüchtern und ohne jeden körperlichen oder geistigen Charme. Seit ihrer Ankunft in Wien war sie auf sich gestellt, wurde von ihren Schwägerinnen ausgelacht und von ihrem Ehemann Joseph verachtet und gemieden. Einzig Franz Stephan wandte sich ihr zu und zeigte wahre Zuneigung. Selbst Maria Theresia, die gegenüber Josepha von vornherein positiv eingestellt war, musste sich zwingen, die neue Schwiegertochter freundlich aufzunehmen. Schon nach wenigen Tagen wurde ihr klar, dass die Ehe zum Scheitern verurteilt war, da Joseph seine zweite Frau niemals würde ertragen können. Nach dem Tod ihres Schwiegervaters vertraute Josepha ihrer Schwester an: »Der Schmerz über den Verlust beschäftigt mich sehr. [...] [Wie] kann ich Ihre Komplimente annehmen, nun Kaiserin zu sein? Ich wurde es um einen zu kostbaren Preis und wäre hundertmal lieber als Königin [des Römischen Reichs] gestorben, als einen solch respektablen Vater zu überleben, der mich mit Gutwillen überschüttete und mich nicht nur als Schwiegertochter, sondern als wahre Freundin betrachtete. [...] Ich kann sagen, dass er sich immer so gezeigt hat, und meine Zuneigung seiner Freundschaft gleichkam. [...] Er hat nie einen Unterschied zwischen seinen Kindern und mir gemacht. Auch habe ich ihn wie meinen eigenen Vater geliebt und respektiert.«[1]

Die elterlichen Rollen scheinen im Vergleich zu traditionellen Kriterien umgekehrt, doch Maria Theresia und Franz Stephan waren beide aufmerksame und präsente Eltern. Sobald ihre Kinder

---

1 Brief der Josepha von Bayern an Maria Antonia von Sachsen [Wien], 4. September 1765; Sächsisches Staatsarchiv (Dresden), 12528, *Fürstennachlass Maria Antonia 9,* f. 46 r-v.

sechs oder sieben Jahre alt waren, begleiteten sie die Eltern auf Pil-
gerreisen, zu Gottesdiensten, aber auch aufs Land oder zu Vorstellungen. Doch während der Kaiser den »sich allhier aufhaltenden
Enfant Pantomimes beiwohnt[e] mit seinen Kindern«,[1] suchte die
Kaiserin einen Hauslehrer für ihren ältesten Sohn, der bereits den
sechsten Geburtstag hinter sich hatte. In Wahrheit traf sie alle Entscheidungen und gab den Erziehern und Erzieherinnen Anweisungen, legte aber Wert darauf, ihren Mann stets einzubeziehen.[2] Da die
junge Königin ihn leidenschaftlich liebte und fürchtete, ihn durch die
Betonung des Standes zu verärgern, tat sie alles, um die Gleichstellung beider zu unterstreichen. Selbstverständlich war allen klar,
dass diese Gleichstellung eher formaler als realer Natur war.

Während Franz Stephan die Rolle des zärtlichen Vaters erfüllte,
verkörperte Maria Theresia Autorität und Strenge. Das hinderte sie
jedoch nicht daran, eine nahezu »bürgerliche« Nähe zu ihren Kindern zu pflegen, wie ein kleiner Satz am Ende eines Briefs zeigt: »Mit
sechs Kindern und dem Kaiser im Zimmer musste ich nun viermal
zum Schreiben ansetzen, und das merkt man meinem Brief an.«[3]

1 Khevenhüller-Metsch, Johann Josef, *Aus der Zeit Maria Theresias. Tagebuch des
   Fürsten Johann Josef Khevenhüller-Metsch, kaiserlichen Obersthofmeisters,
   1742–1776* [TKM], Bd. 2, 29. Juli 1747, S. 169.
2 Die Anweisungen von Kaiserin Maria Theresia an den verantwortlichen Erzieher
   ihres Sohnes Joseph schließen mit den Worten: »S. M. der Kaiser hat alle Wünsche
   und Anweisungen akzeptiert, die ich niedergeschrieben habe.« Vgl. Alfred von
   Arneth, *Briefe der Kaiserin Maria Theresia an ihre Kinder und Freunde* [BMT],
   4 Bde., Wien 1881, Bd. 4, S. 13.
3 Wien, Anfang März und vor Ostern, 22. April 1753, vgl. Jean-Pierre Lavandier
   (Hg.), *Lettres de l'impératrice Marie-Thérèse à Sophie d'Enzenberg (1746–1780)*,
   Paris, 2019, S. 65.

Eine beinahe normale Mutter

Wie alle Mütter war auch Maria Theresia bei der Erziehung ihrer Kinder von ihren eigenen Eigenschaften und Mängeln, aber auch vom schweren psychologischen Erbe ihres Vaters geprägt.[1] Dank der Zeugnisse ihres engen Freundes Emmanuel Silva-Tarouca und der geliebten Schwiegertochter Isabella kann eine Skizze der Kaiserin als Mutter versucht werden.

Zeitgenossen beschrieben sie oft als »zärtliche Mutter«, weil sie sich mehr als andere um ihre Kinder kümmerte und sich gern mit ihnen umgab. Damals wurde Zärtlichkeit allerdings nicht in gleicher Weise gezeigt wie heute.[2] Sie wäre als erzieherische Schwäche wahrgenommen worden – besonders, weil es sich um kaiserliche Kinder handelte, die zu höchsten Positionen bestimmt waren. In der ersten Hälfte des 18. Jahrhunderts wurde das Kind noch als Wesen betrachtet, das es umzuerziehen galt. Es war sündig geboren, und die Eltern hatten die Aufgabe, es im Zaum zu halten.

Maria Theresias Vertrauter Tarouca und ihre Schwiegertochter Erzherzogin Isabella waren moderner und teilten dieses Mutterbild nicht. In ihren Augen hatte Maria Theresia ein »exzellentes, zärtliches, mitfühlendes Herz«,[3] war aber eine »strenge«, gar zu strenge Mutter. Beide Vertrauten machten ihr die gleichen Vorwürfe: Sie sei zu unversöhnlich, zu distanziert und zu misstrauisch.

---

1 Maria Theresia hat die dunkle Seite des Hauses Habsburg geerbt. Ihr Vater Karl VI. litt unter schweren depressiven Verstimmungen; die erste bekannte Episode ereignete sich 1722.

2 Ivo Cerman, *Habsburgischer Adel und Aufklärung*, Stuttgart, 2010, S. 364. Cerman bezieht sich auf einen Brief der Fürstin Maria Christina von Dietrichstein an die Erzieherin ihrer Kinder.

3 Isabella von Bourbon-Parma, *»Je meurs d'amour pour toi …«, Lettres à l'archiduchesse Marie-Christine*, 1760–1763, hg. v. Elisabeth Badinter, Paris, 2008, S. 193.

»Was ihre Kinder betrifft: Die Kaiserin liebt sie, folgt aber einem falschen Prinzip und ist zu streng. Man muss stets versuchen, sie ihr gegenüber zu unterstützen, zu entschuldigen [...] und die Kaiserin dazu bringen, den sanften Weg einzuschlagen.« Maria Theresia ertrug keinen Widerspruch. »[I]m ersten Moment ist sie sehr aufbrausend und reagiert heftig. In solchen Momenten muss man sie zum Reden bringen, das entspannt sie [...]. Bald darauf beruhigt sie sich.«[1] An anderer Stelle heißt es: »Ihre Liebe zu ihren Kindern ist immer mit einer Art Misstrauen und scheinbarer Kälte vermischt«.[2]

Tarouca teilte diese kritische Perspektive uneingeschränkt und verbarg sie keineswegs vor der Kaiserin. Als diese sich bei ihm über Charakter und Verhalten ihres damals 12 oder 13 Jahre alten Sohnes Joseph beschwerte, den sie für eifersüchtig, arrogant und stur hielt, erinnerte Tarouca sie an eine ähnliche ihm bekannte Situation zwischen einer Mutter – der Herzogin Arenberg – und deren Sohn, der sich damals ungefähr in Josephs Alter befunden hatte. Wie Maria Theresia hatte auch die Herzogin Arenberg Tarouca um Rat gefragt, und dieser hatte ihr die »bittere, heftige und häufige Art« vorgeworfen, mit der »sie ihren Sohn maßregelte [...], statt ihn geduldig zu formen. Weil er von kühlem, distanziertem Wesen war, stieß die Herzogin ihn zurück und riskierte, ihn zu verlieren und in ihm eine an Abneigung grenzende Angst auszulösen.«[3]

Die Herzogin entzweite sich mit Tarouca, doch dessen Lektion zeigte Wirkung. Die Mutter wurde sanfter, und der Sohn liebte sie zärtlich. Am Rand dieses Briefs kommentierte Maria Theresia: »Sie haben mir vernünftig einen Gefallen getan und mir großzügig und mitfühlend von dem Sohn berichtet, den die Mutter für unver-

---

1   Ebd., S. 201 f.
2   Ebd., S. 196.
3   ÖStA HHStA *LA Belgien* DD-B blau 1–2, f. 214 r [April 1754?].

nünftig hielt und mit 13 Jahren zu heftig maßregelte. Ich erkenne mich darin sehr gut, ohne [darüber] wütend zu sein; vielmehr bin ich dankbar. So Gott will, gelingt es auch so. Wie in diesem Fall. Jedenfalls haben Sie mich ein wenig aufgerichtet.«

Ein Jahr später sprach Tarouca von »einem bewundernswerten Charakterzug [ihres] lieben Ältesten. Ich tröste und freue mich darüber gemeinsam mit seiner erhabenen und manchmal misstrauischen Mutter. [...] Erzherzog Joseph scheint Eurer Majestät höchst zärtlich verbunden.« Maria Theresia kommentierte: »Ich kenne diesen Wesenszug. Er hat mich zum Weinen gebracht.«[1]

Anders als viele Zeitgenossinnen war Maria Theresia eine ängstliche Mutter. Man spürt deutlich, dass sie von der Frage gequält wurde, ob sie eine gute Mutter sei. Ihre Schwiegertochter Isabella notierte: »[S]ie spricht gerne von ihren Kindern, und zwar [...] mit dem erstbesten, der Zeit hat, [...] um Rat einzuholen [...]. Mit einem dahingesagten Wort können die Menschen ihr Ideen eingeben, die sie sonst nie gehabt hätte und die sogar gegen jede Wahrscheinlichkeit sind [...]. Sie glaubt dann, so etwas sei durchaus möglich [...]. Sie glaubt, sie täusche sich«.[2] Maria Theresia war hinsichtlich ihrer mütterlichen Fähigkeiten sehr unsicher und meinte, wenig Erfahrung und pädagogisches Talent zu haben. »Ihre Einsichten sind ihr verdächtig, sie vergisst, dass nur wenige Menschen ehrlich und die Wahrhaftigen selten sind; deshalb begeht sie Fehler, ist häufig unentschlossen und fragt jene um Rat, die unverfrorener sind und ihren falschen Eifer gut einzusetzen wissen.«[3] Zehn Jahre vor Isabella hatte bereits Maria Theresias Freund Tarouca sie als desorientierte Mutter geschildert, die Angst habe, etwas Falsches zu tun. Vor allem galt das im Hinblick auf Joseph, den künf-

1 [November 1755?]; ebd., f. 72 r.
2 Isabella von Bourbon-Parma, »*Je meurs d'amour pour toi* ...«, a. a. O., S. 198.
3 Ebd., S. 193.

tigen Kaiser. Sie liebte ihn, wusste aber nicht, was sie tun sollte, um dieses »zarte, launische, unaufmerksame, unvernünftige« Kind zu ändern, das sich von ihren Strafen nicht beeindrucken ließ. Die Kaiserin gab sich »zerrissen« von ihren widersprüchlichen Gefühlen und fragte erneut Tarouca um Rat, da sie fürchtete: »Ich breche darunter zusammen.«[1] Tarouca tröstete sie nach Möglichkeit und riet ihr zu Sanftheit, Geduld und vor allem einem festen Erziehungsplan, der nicht durch die widersprüchlichen Ratschläge Dritter beeinflussbar sein sollte.

Diese – vielleicht zu strenge – Mutter stellte ihre Kinder jedoch keineswegs bloß zur Schau. Sie hatte sie zwar beim Hofzeremoniell gern um sich,[2] wenn der gesamte Hof anwesend war, aber sie umgab sich auch gern mit ihnen, wenn sie allein in ihren Gärten in Schloss Schönbrunn ihre Aufgaben erledigte.[3] Tarouca schrieb: »Sie ist eine Mutter, der all ihre Kinder am Herzen liegen.«[4]

1 ÖStA HHStA *LA Belgien* DD-B blau 1–2, f. 7 r, sowie f. 7 v u. 3–4, f. 204 v.
2 Adam Wolf (Hg.), »Tableau de la Cour de Vienne en 1746, 1747, 1748. Relations diplomatiques du comte de Podewils, ministre plénipotentiaire, au Roi de Prusse Frédéric II, lettres du Cabinet au Roi«, in: *Sitzungen der kaiserlichen Akademie der Wissenschaften. Philosophisch-historische Classe*, Bd. 5, Wien, 1850, S. 493.
3 Brief Taroucas an die Herzogin Arenberg, Wien, 25. Juli 1742; Mährisches Landesarchiv Brünn (Brno), *Familienarchiv Tarouca*, G 445, 12, Nr. 82 23-A-1, f. 270 r-v.
4 Tarouca, [1753?]; ÖStA HHStA *LA Belgien* DD-B blau 1–2, f. 7 r.

Sorge um die Kinder

Es ist schwierig, die Realität und Intensität der Mutterliebe zu be-
messen, vor allem in einer Zeit, in der man viele Kinder bekam und
viele von ihnen früh starben. Die Angst, ein Kind zu verlieren, und
das Leid um dessen Tod bilden dennoch die besten Indizien für
Mutterliebe. Viel später, als Maria Theresias Töchter mit ausländischen Herrschern verheiratet wurden, die Heimat verließen und
die Mutter kaum Aussicht hatte, sie je wiederzusehen, vertraute sie
ihrem Getreuen Rosenberg an: »Ich liebe meine Kinder sehr, spüre
es aber nur, wenn ich eines von ihnen verlieren muss.«[1]

Angst vor Krankheit und
Schmerz über den Verlust der Kinder

Wie viele ihrer Zeitgenossinnen verlor Maria Theresia mehrere
Kinder. Drei kleine Töchter starben: ihr erstes Kind Elisabeth mit
fast dreieinhalb Jahren, Karolina mit einem Jahr und eine zweite
Karolina bei der Geburt. Doch die Mutter musste auch den Tod
dreier weiterer Kinder ertragen, die das Erwachsenenalter erreicht
oder beinahe erreicht hatten: Der zweite Sohn, Erzherzog Karl[2],
starb mit fast 16 Jahren, Johanna[3] mit 12 und Josepha[4] mit 16 Jahren, am Vortag der Reise zu ihrem zukünftigen Ehemann, König
Ferdinand von Neapel. Karl starb an Skorbut, seine beiden Schwestern an den Pocken. Die Pocken waren die Geißel jener Epoche und

1 25. September 1768; KLA *Familie Orsini-Rosenberg* 77, Fasz. 65/355 a-3.
2 1. Februar 1745 – 18. Januar 1761.
3 4. Februar 1750 – 23. Dezember 1762.
4 19. März 1751 – 15. Oktober 1767.

vor allem Maria Theresias. Drei von ihren sieben infizierten Kindern und beide Ehefrauen Josephs starben daran[1] und wurden Opfer jener schrecklichen Epidemien, gegen die die Medizin machtlos war, wie gegen fast alle schweren Krankheiten jener Zeit.

Immer wenn eines ihrer Kinder krank war, durchlebte Maria Theresia in eigenen Worten »Todesängste«.

Den Ayos und Ayas[2] gab sie Anweisung, »regelmäßig Bericht zu erstatten beim ersten und kleinsten Anzeichen eines Unwohlseins oder beim geringsten Unfall [...]. Ich habe so fest an der Umsetzung dieses Befehls festgehalten, dass *ich persönlich Tag und Nacht informiert* werden wollte, sobald die kleinste Veränderung oder das kleinste Ereignis in Bezug auf den Gesundheitszustand meiner Kinder eintrat, ohne Angst, dass mich eine schlechte Nachricht erschrecken könnte.«[3]

Schlechte Nachrichten gab es genug. Die Berichte und Briefe an die verschiedenen Ayas zeugen von den Ängsten der Kaiserin angesichts schwerer Krankheiten ihrer Kinder. Das Jahr 1757 war eines der schwersten. Sie führte Krieg gegen Friedrich II., während binnen vier Monaten ihre beiden Ältesten in Todesgefahr schwebten: Im Januar litt Joseph schwer an den Pocken, was Maria Theresia »große Beunruhigung«[4] verursachte. Zwei Monate später starb ihre geliebte Tochter Marianna[5] beinahe, vermutlich an Lun-

---

1   Im November 1763 und im Mai 1767.

2   Die Erzieher und Erzieherinnen bezeichnete man mit den spanischen Begriffen »Ayo« und »Aya«.

3   Brief an Gräfin Lerchenfeld, Aya von Johanna und Josepha (November 1756), Hervorhebung von der Autorin, ÖStA HHStA *HausA FamA* 54–2, f. 52 r. Siehe auch BMT 4, S. 101–105.

4   22 Januar 1757; Archives du ministère des Affaires étrangères (MAE), La Courneuve (Frankreich), *Correspondance politique (CP) d'Autriche*, vol. 256 bis, f. 209 r.

5   Alle Töchter Maria Theresias trugen den Vornamen Maria Anna wurde oft

genentzündung, am 9. April wurden ihr bereits die Sterbesakramente gespendet, weil es so schlecht um sie stand. Maria Theresia schrieb an Gräfin Lerchenfeld, sie habe »geglaubt, für ihre Tochter zu sterben«.[1] Das waren keine bloßen Floskeln. Maria Theresia und Franz Stephan waren »zutiefst betrübt«.[2] Als auch ihre zweite Tochter Elisabeth im Oktober 1767 an den Pocken erkrankte, schrieb Maria Theresia an Markgräfin Herzelles: »Wir stehen Todesängste aus [...]. Die Sorte Pocken ist nicht gut. Alles Mögliche steht zu befürchten. Der morgige Tag wird [uns] mehr Wissen bringen. Überlegen Sie nur, was das für eine Wartezeit ist. Mein Herz hängt am seidenen Faden. Aller Mut hat mich verlassen. Gott kann alles, ihm überantworte ich mich gänzlich.«[3]

Elisabeth blieb am Leben. Doch konnte sie, die zuvor – zusammen mit Amalia – eine der schönsten Töchter ihrer Mutter gewesen war, nicht mehr verheiratet werden, weil sie die Pocken entstellt hatten.

Maria Theresia selbst konnte eine Infektion mit den Pocken bis 1767 zwar vermeiden, wusste aber, dass die Krankheit hochansteckend war. Wenn eines ihrer Kinder daran erkrankte, eilte sie dennoch an dessen Bett. Ihr Arzt van Swieten und ihre Vertrauten mussten großen Druck ausüben, um sie von dort fernzuhalten. Sie bestand darauf, in der Nähe zu bleiben, um so schnell wie möglich über neue Entwicklungen informiert zu werden. Eine Reise oder ein Aufenthalt in Laxenburg kamen in solchen Situationen weder für sie noch für ihren Gatten infrage.

»Marianna« genannt. Hier soll die Lektüre vereinfacht werden, indem nur die normale Anrede der Erzherzoginnen verwendet wird.

1   April 1757; BMT 4, S. 107.
2   MAE *CP Autriche*, vol. 257, 12. April 1757, f. 111 r.
3   Brief vom 24. Oktober 1767, veröff. v. Baron Kervyn de Lettenhove in *Lettres inédites de Marie-Thérèse et de Joseph II*, Bruxelles, 1868, S. 11. Die zweite Tochter Elisabeth wurde 1743 geboren und starb 1808.

Wann immer eines ihrer Kinder starb, war es für die Kaiserin ein Drama, auch im Fall ihrer jüngsten Kinder. Angesichts der Krankheit Maria Annas schrieb sie: »Der liebe Gott hat mir solche Verluste lange erspart, und nun durchlebe ich alle, die ich erfahren habe, noch einmal.«[1]

Khevenhüller, der Obersthofmeister von Kaiser Franz, notierte am 1. August 1743 in seinem Tagebuch, Maria Theresia habe sich mit kleiner Entourage nach Laxenburg begeben, um dort mit einer Messe ihrer ersten Tochter Elisabeth *zu gedenken*, die dort gestorben war.[2]

Maria Theresia vergaß keines ihrer verstorbenen Kinder, unabhängig vom jeweiligen Todesalter. Davon zeugt die Gestaltung des großen Saals im Innsbrucker Schloss anlässlich der Hochzeit Erzherzog Leopolds im Jahr 1765. Die Kaiserin beauftragte das Atelier Meytens, Porträts aller Familienmitglieder anzufertigen. Auf diesen sind alle 16 Kinder dargestellt, auch die drei sehr jung verstorbenen, die als Engel verschiedener Größe im Paradies gezeigt werden. Diese Darstellung ist für die damalige Zeit außergewöhnlich.

Das Beharren auf der Erinnerung an die sehr jung verstorbenen Kinder entsprach nicht den damaligen Sitten. Die Säuglings- und Kindersterblichkeit war in jener Zeit so hoch, dass sie als nahezu unbedeutend galt. Als die Marquise du Châtelet einen 16 Monate alten Sohn verlor, wunderte sie sich über die eigenen Gefühle: »Ich regte mich darüber mehr auf, als ich gedacht hätte«.[3] Dann wechselte sie schnell das Thema. Das entspricht einer berühmten Bemerkung, die Montaigne fast 200 Jahre früher machte. Demnach

---

1 An Gräfin Lerchenfeld (April 1757); BMT 4, S. 106. Maria Theresia sollte diese Trauer binnen sieben Jahren sechsmal durchleben.
2 TKM I, S. 170, Hervorhebung von der Autorin.
3 An Abt de Sade, 6. September [1734]; vgl. *La Correspondance d'Émilie du Châtelet*, hg. v. Ulla Kölving u. Andrew Brown, Paris, 2018, Bd. I, S. 146.

habe er zwei oder drei seiner Kinder im Säuglingsalter verloren – nicht ohne Bedauern, aber ohne Zorn.[1] Noch im 18. Jahrhundert herrschte das Empfinden, ein verstorbenes kleines Kind ließe sich gut durch weitere Kinder ersetzen. Mit anderen, damals geflügelten Worten: »Eins verloren, zehn bekommen.« Etwa diese Formel benutzte auch Tarouca, um Maria Theresia nach dem Verlust von Karolina zu trösten, ihrem zweiten auf diesen Namen getauften Kind, das 1748 tot geboren wurde: »Eure Majestät sind bei so guter Gesundheit, dass sie es [schwanger] noch zehn- oder zwölfmal werden können.«[2]

Maria Theresias Verhalten als Mutter hatte mit dem anderer Herrscherinnen ihrer Zeit wenig gemein. Fast alle von ihnen erlebten den Tod kleiner Kinder und die vorausgehenden Krankheiten.[3] Den größten Gegensatz zu Maria Theresia bildet wahrscheinlich die französische Königin Maria Leszczyńska, deren vier jüngste Töchter 1738 im Alter von fünf, vier und zwei Jahren sowie elf Monaten ins Kloster von Fontevrault geschickt wurden. Diese Entscheidung hatte der Premierminister unter dem Vorwand einer Sparpolitik getroffen – mit Zustimmung des Königs, der dennoch als »zärtlicher Vater« galt. Die Königin zeigte keinerlei Traurigkeit oder Uneinigkeit. Ihre Töchter blieben zehn und zwölf Jahre im Kloster, ohne dass sie ihnen je einen Besuch abstattete, während sie zugleich nicht vor der Reise nach Lunéville zurückschreckte, wo sie ihren Vater Stanislaus besuchte. Noch erstaunlicher: Nach dem Tod ihrer vorletzten Tochter, die mit acht Jahren in Fontevrault starb, hielt sie es auch nicht für angemessen, sich am Grab ihrer Tochter einzufinden. Als die drei überlebenden Mädchen nach Versailles

---

1   Vgl. *Michel de Montaigne, Œuvres complètes*, Paris, 1962, Buch I, Kap. XIV, S. 61.
2   [September 1748]; ÖStA HHStA *LA Belgien* DD-B blau 5, f. 28 v.
3   Die Frau Ludwigs XV., Maria Leszczyńska, hatte zehn Kinder, von denen drei jung starben.

zurückkehrten, war ihre Mutter ihnen nahezu unbekannt und zeigte keinerlei übertriebene Freude angesichts des Wiedersehens. Mutter und Töchter waren einander fremd.

Unter den anderen Herrscherinnen, von denen keine für die Regierungsgeschäfte verantwortlich war, legte auch Maria Amalia von Neapel-Sizilien, Ehefrau Karls III. und künftige Königin Spaniens, eine mütterliche Gleichgültigkeit an den Tag. Sie hatte 13 Kinder – sieben Mädchen und sechs Jungen – und verlor fünf ihrer Töchter! Nach dem Tod ihrer beiden Erstgeborenen 1742 im Alter von zwei Jahren und drei Monaten zeigte auch eine dritte, nun älteste Tochter ernsthafte Krankheitsanzeichen. Am 14. Februar 1749 vermutete man, die damals sechsjährige Maria Elisabeth leide an den Pocken; am 22. Februar bestätigte sich der Verdacht. Doch das Königspaar, das leidenschaftlich gern jagte, hatte geplant, am 25. Februar nach Bovino aufzubrechen und dort drei Wochen lang seiner liebsten Freizeitbeschäftigung nachzugehen. Das taten sie auch und scherten sich nicht um den Zustand ihrer Tochter, die am 5. März in Abwesenheit ihrer Eltern starb. Zwanzig Tage später kehrten sie wie geplant nach Neapel zurück. Die Kleine war bereits beigesetzt worden. Der französische Botschafter, der von diesen Ereignissen berichtete, kommentierte das Verhalten der Mutter lobend: »Sie verstand es, sich genügend zusammenzureißen, um den Schmerz über den Tod der ältesten Prinzessin zu verbergen.«[1] Vielleicht gab es auch abweichende Stimmen, da die Königin verlauten ließ, sie sei sehr wütend auf den König, weil dieser sie gezwungen habe, mit ihm nach Bovino zu reisen. Doch am Hof von Neapel wusste jeder, dass der König ihr keinen Wunsch abschlagen konnte …

Es gehörte zum guten Ton, die Trauer zu verbergen, und entsprechend wurde es kommentiert, wenn die Damen doch Mütter-

---

1   15. März 1749; MAE CP Naples, vol. 58, f. 242 v u. f. 247 v.

lichkeit zeigten. Davon zeugt die nicht verhohlene Überraschung des Botschafters in Sardinien, Chauvelin, als Maria Antonia von Spanien,[1] Mutter von zwölf Kindern, ihren ältesten Sohn im Alter von sechs Monaten verlor.[2] Eine Woche nach dem Tod verbarg die Mutter ihren Schmerz nicht. Und, noch unglaublicher: Dem Botschafter zufolge zeigte sie in der nächsten Woche »noch immer den gleichen Schmerz«![3]

Es scheint selbstverständlich, dass Maria Theresia den Schmerz um den Verlust ihrer beinahe erwachsenen Kinder nicht zu verbergen suchte. Vielmehr wussten der Wiener Hof und alle Königreiche und Fürstentümer der Erbländer von ihrer »tiefen Betroffenheit« und wurden Zeugen einer echten Trauerphase.

Eine depressive Mutter

Maria Theresia hatte ein geheimes, von ihrem Vater geerbtes Leiden, das man damals »Melancholie« nannte. Weder die Hofdamen noch die Historiker erwähnten es. Nur sie selbst sprach mit zweien ihrer engsten Freunde darüber – zunächst mit Tarouca, dann mit Rosenberg. Beide verschwiegen das Leiden. In ihren Kommentaren der Briefe Taroucas schildert die Kaiserin ihm vertraulich ihr Unwohlsein, das ihren Kindern nicht gänzlich verborgen geblieben sein konnte.

---

1 Maria Antonia von Spanien (1729–1785) hatte 1750 den sardinischen König Viktor Amadeus III geheiratet.

2 Es handelte sich um den kleinen Herzog Amadeus von Montferrat (5. Oktober 1754–29. April 1755).

3 7. Mai u. 14. Mai 1755; MAE *CP Sardaigne*, vol. 224, f. 323 v u. 335 r. Hervorhebung von der Autorin.

Das erste bekannte Warnzeichen ereignete sich im Oktober 1743. Die damals 26-jährige Maria Theresia hatte sich am Vortag bei Tarouca über ihre düsteren Gedanken beklagt und den Wunsch geäußert, ihre Regentschaft zu beenden. Tarouca beeilte sich zu antworten und beschrieb die Situation: »Diese Unlust zu regieren beunruhigt mich ... es ist *eine Art periodisch wiederkehrendes Leiden,* das alle sechs Monate auftritt [also nicht zum ersten Mal]. Meinen Beobachtungen nach ist Eure Majestät in der Mitte des Herbsts stets am stärksten betroffen ... Eure Majestät stürzen in eine Art Dunkelheit, die umso schlimmer ist, weil Ihre Talente dort nichts nützen.«[1]

Er rät zu Spaziergängen, Gebeten und »etwas Kartenspiel« – in dieser Reihenfolge.

Vielleicht schrieb er die Abneigung gegen das Regieren der dramatischen politischen Situation zu, in der sich die habsburgischen Erblande befanden. Man führte Krieg gegen Friedrich II. und ein großer Teil Europas hoffte darauf, sich Teile dieser Erbländer anzueignen. Die Kaiserin erlitt eine militärische Niederlage nach der anderen. Vielleicht vermutete Tarouca auch eine verlängerte postpartale Depression nach der Geburt der Tochter Elisabeth zwei Monate zuvor.[2] Doch in der Folge sollte sich zeigen, dass das Gemüt der Kaiserin sich auch ohne solche Anlässe regelmäßig verfinsterte. Im August 1745 schrieb sie Tarouca: »Ich bin gesundheitlich und hinsichtlich meiner Stimmung ziemlich niedergeschlagen; es stimmt, dass ich Sie gemieden habe, *da ich keine Kraft zum Reden habe.*«[3]

---

1 [Oktober 1743]; Hervorhebung von der Autorin; ÖStA HHStA *LA Belgien* DD-B blau 5, f. 1 r-2 r. Die meisten Briefe in diesem Briefwechsel sind undatiert.

2 Am 13. August 1743.

3 Donnerstag, 5. August [1745]. Hervorhebung von der Autorin; ÖStA HHStA *LA Belgien* DD-B blau 5, f. 8 v.

Zwei Jahre später, 1747, schrieb sie im Alter von erst dreißig Jahren: »Ich bin an Geist und Körper krank, ich kann keinesfalls aufstehen; ich spüre das Alter.«[1] Im folgenden Jahr, als der Friedensvertrag unterschrieben war, wurde sie deutlicher: »Ich bin in einem beklagenswerten Zustand. Ich erinnere mich [nicht], mich jemals in meinem Leben so gefühlt zu haben. In der Öffentlichkeit agiere ich noch wie eine Maschine, nicht mehr vernunftgesteuert, da mir keine Vernunft übriggeblieben ist. Ich bin wie ein Tier, kann nicht denken, bin äußerst niedergeschlagen und kann auch nicht sprechen, weil ich mich aufrege [bis zur Wut][2] und zu sehr verzweifle. Es haben sich schon zwei oder drei derartige Szenen mit anderen ereignet, über die ich mich sehr ärgere. Mir bleibt nichts, als mich allein einzuschließen.«[3]

Diese depressiven Anwandlungen wiederholten sich von Zeit zu Zeit, wurden aber intensiver und zahlreicher – besonders nach dem Tod ihres Mannes 1765. In jenen Momenten, so die Kaiserin, »bin ich nicht in der Lage, zu sprechen«.[4] Oder: »Heute geht es mir gar nicht gut, aber es ist nichts Körperliches«.[5] Es stimme, fügte sie

1 [1747]; ebd., 3–4, f. 273 r.
2 Der preußische Botschafter am Wiener Hof, Podewils, berichtet in seinen Briefen an Friedrich II. von mehreren Wutanfällen der Kaiserin in dieser Zeit. Am 10. Juni 1747 schreibt er, die Kaiserin »erfuhr bei Tisch, [ihre Tochter] Erzherzogin Marianna sei indisponiert, woraufhin sie angesichts dieses neuerlichen Unglücks zunächst weinte und, da sie schon sehr schlecht gelaunt war, sodann in eine Art Furor verfiel, sodass man fürchtete, ihr könne etwas zustoßen, weshalb man sie zwingen musste, den Tisch zu verlassen«. Geheimes Staatsarchiv Preußischer Kulturbesitz (Berlin), I. HA Rep. 81, Gesandtschaft Wien, Nr. 39, f. 95 r. Dieses ihrem natürlichen Temperament entgegengesetzte Verhalten musste ihr Umfeld erschreckt haben.
3 An Tarouca [23 Dezember 1748]; ÖStA HHStA LA Belgien DD-B blau 5, f. 56 r.
4 [1751–1752?]; ebd., 1–2, f. 288 v.
5 [1754?]; ebd., 5, f. 68 r.

hinzu, »dass ich alle Welt meide und nicht sprechen möchte.«[1] »Mein Kopf funktioniert nicht mehr und ich mache mir wirklich Sorgen, verrückt zu werden.«[2] »Ich fühle mich mit vierzig Jahren so, wie mein Vater sich bei seinem Tod fühlte.«[3]

Jahre später, als ihr Mann verstorben war, schickte sie ihrem Freund Rosenberg eine Art Selbstporträt und Bilanz: »Sie werden mich noch wohlgenährt und sogar mit guter Miene finden, doch es fällt mir schwer, das aufrechtzuerhalten. Mein Herz ist von Leid durchbohrt, mein Kopf leer und meine Kräfte fast gänzlich verschwunden; eine gänzliche Entmutigung, die ich mein Leben lang gefürchtet habe – und die auch unser großer und unvergleichlicher Herr, mein Vater, hatte – drückt mich nieder. Als mein Mann noch lebte, war er mir eine Stütze; sein Anblick allein ließ mich alles vergessen […]. Jetzt bewegt mich nichts mehr. Ich bin meiner Natur überlassen.«[4]

In solch depressiven Momenten flüchtete Maria Theresia in die völlige Einsamkeit. Sie konnte niemanden ertragen, nicht einmal ihre Kinder, so vertraute sie Tarouca an: »Gesellschaft ist für mich zu gefährlich. Die Kinder werden mir lästig und machen mir nur Kummer […]. Ich finde mich in den Nichtigkeiten und Scherzen nicht wieder, die zur Zeit nötig sind. So bleibt nur der Rückzug, mein Asyl, meine Sicherheit, sowohl zur Erholung meiner Seele als auch für mein gegenwärtiges Glück.«[5]

---

1 [Oktober 1758]; ebd., 3–4, f. 74 r.
2 [Oktober 1758]; ebd., f. 60 r. Im gleichen Zusammenhang schrieb sie auch (f. 14 r): »Ich stelle tatsächlich fest, […] dass ich dumm werde.«
3 [Oktober 1757?]; ebd., f. 142 r.
4 Brief vom 20. Mai 1770; KLA *Familie Orsini-Rosenberg* 77, Fasz. 65/355 a-2.
5 [Brief vom Januar 1760]; ÖStA HHStA *LA Belgien* DD-B blau 3–4, f. 174.

Manchmal verschwand die Kaiserin eine ganze Woche lang, so die Erzieherin Maria Karoline Fürstin Trautson, die den Grund dafür nicht bemerkt zu haben schien. Es ist jedoch kaum vorstellbar, dass die Kinder die Depressionen der Mutter weder gesehen noch gespürt haben.

II

DIE MUTTER ALS ERZIEHERIN

Wenn man 13 Kinder großzieht und gleichzeitig die Verantwortung für ein riesiges Reich hat, benötigt man eine perfekte Organisation und feste Vorstellungen hinsichtlich der Erwartungen an die Kinder. Maria Theresia wollte ihre Töchter und Söhne darauf vorbereiten, der Habsburger-Dynastie nützlich zu sein. Die Mädchen sollten durch entsprechende Heiraten Bündnisse mit ausländischen Königshäusern stärken; die Jungen die Habsburger in den verschiedenen Königreichen und Fürstentümern des Kaiserreichs repräsentieren. Darin bestand in Mara Theresias Augen der grundlegende Auftrag.

Ihre Rolle und ihr Handeln als Mutter entwickelten sich nicht nur in Abhängigkeit vom Alter der Kinder, sondern auch von den oft dramatischen politischen Ereignissen, mit denen sie konfrontiert war. Mit 23 Jahren hatte sie den Thron gerade erst bestiegen[1] und war im sechsten Monat schwanger mit dem kleinen Joseph, als sie machtlos dem unerwarteten Überfall Friedrichs II. auf ihr geliebtes Schlesien zusehen musste.[2] Friedrich der Große war der intelligenteste und listigste Herrscher seiner Zeit und obendrein ein unvergleichlicher Militärstratege. Dies war der Beginn des ersten siebenjährigen Kriegs, des so genannten Österreichischen Erbfol-

---

1   Ihr Vater, Karl VI., starb am 20. Oktober 1740 an den Folgen einer Pilzvergiftung.
2   Am 16. Dezember 1740.

gekriegs. In diesen Jahren brachte Maria Theresia sechs Kinder zur Welt und verlor das wohlhabende Schlesien, die Kornkammer ihrer Länder. Die folgenden acht Jahre (1748–1756) waren eine Zeit des Friedens, in der sie ihre sechs letzten Kinder zur Welt brachte und Österreich neu ordnete, indem sie Heer, Finanzen, Justiz und Verwaltung modernisierte. Tatsächlich handelte es sich um einen bewaffneten Frieden, denn die Kaiserin träumte von einer Revanche gegenüber dem König von Preußen, der ihr einen Teil der Länder gestohlen hatte.

In jenen Jahren voller Politik, Krieg und Geburten verfolgte Maria Theresia ein Ziel, das von ihren Vorgängern ignoriert worden war: die Repräsentation in der Öffentlichkeit. Es nützt uns, »bekannt zu sein«,[1] erklärte sie all ihren Kindern. »Man muss Hof halten«,[2] wo alle Welt zusammenkommt, um die Kaiserin zu sehen und die Galas zu genießen, die sie einmal wöchentlich veranstaltet, abwechselnd mit Audienzen, Abendessen, Bällen, Lichterfesten, Theater- oder Ballettvorstellungen, je nach Situation. Grund genug, die Tage der Königin weiter zu verlängern.

Von welchem Nachwuchs ist hier eigentlich die Rede?

1 An Ferdinand, 7. Januar [1773]; BMT 1, S. 174.
2 An Ferdinand, 19. Dezember [1771]; ebd., S. 94.

16 Kinder

11 Töchter, 5 Söhne

Status Maria Theresias	Töchter	Söhne
Großherzogin der Toskana (1737–1740)	**Maria Elisabeth** 5. Februar 1737–7. Juni 1740 **Maria Anna** 6. Oktober 1738–19. November 1789 **Maria Karolina** 12. Januar 1740–25. Januar 1741	
Krönung zur Königin von Ungarn (Juni 1741)	**Maria Christina** 13. Mai 1742–24. Juni 1798	**Joseph** 13. März 1741–20. Februar 1790
Krönung zur Königin von Böhmen	**Maria Elisabeth** 13. August 1743–25. September 1808	**Karl** 1. Februar 1745–18. Januar 1761
Kaiserin (September 1745)	**Maria Amalia** 25. Februar 1746–18. Juni 1804 **Maria Karolina** 17. September 1748 (am selben Tag verstorben) **Johanna Gabriela** 4. Februar 1750–23. Dezember 1762 **Maria Josepha** 19. März 1751–15. Oktober 1767 **Maria Karolina** 13. August 1752–8. September 1814 **Maria Antonia** 2. November 1755–16. Oktober 1793	**Leopold** 5. Mai 1747–1. März 1792 **Ferdinand** 1. Juni 1754–24. Dezember 1806 **Maximilian** 8. Dezember 1756–28. Juli 1801

Etappen der Kindheit

Bis zum Abstillen waren die Kinder den Ammen anvertraut und lebten in ihren Kinderzimmern. Maria Theresia kam sie ab und zu besuchen. Aus Khevenhüllers Tagebuch ist zu erfahren, dass sie ihre beiden Kleinen, Karl (18 Monate) und Amalia (5 Monate,) zu einem Besuch bei der Großtante, der Kaiserwitwe Amalia, in Hietzing mitnahm.[1] Dennoch war es innerhalb des europäischen Adels üblich, dass Mütter nur selten bei ihren Kindern waren und auch das Stillen nicht in Frage kam. Maria Theresia machte jedoch 1770 keinen Hehl aus ihrer Vorliebe für das Stillen.[2]

Sobald die Kinder für die Amme zu alt waren, wurden Jungen und Mädchen gemeinsam von Erzieherinnen in den Kinderzimmern betreut. Im Alter von sechs oder sieben Jahren wurden sie nach Geschlechtern getrennt. In dieser Zeit (zwischen dem dritten und dem siebten Lebensjahr) war ihre Mutter deutlich präsenter. Die Kinder wurden regelmäßig an den Hof mitgenommen, damit sie sich an ihre künftigen Rollen gewöhnten. Josephs erster öffentlicher Auftritt fand am 29. Mai 1746 statt; damals war er erst fünf Jahre alt.

Bei der Audienz des russischen Kammerherrn Tschoglokow machte Joseph sein erstes mündliches Kompliment auf Französisch, und die kleine Maria Christina, damals vier, machte ihm ein Kompliment auf Deutsch, das er auf Französisch beantwortete.[3] Ein halbes Jahr zuvor hatten die drei Ältesten, Maria Anna (sieben Jahre), Joseph (vier Jahre) und Maria Christina (zwei Jahre, neun

---

1   11. Juli 1746; TKM 1, S. 100. Es handelt sich um die Witwe Josephs I. (1673–1742). Hietzing grenzt an das Schlossareal an.

2   Brief vom 1. Mai 1770, vgl. J.-P. Lavandier (Hg.), *Lettres de l'impératrice Marie-Thérèse à Sophie d'Enzenberg*, a. a. O., S. 169.

3   TKM 2, S. 91.

Monate), vor kleinem Publikum ein kurzes Theaterstück aufge-
führt.[1]

Solche Übungen bereiteten die Kinder auf ihre künftigen reprä-
sentativen Aufgaben vor.

Doch die Kleinen hatten auch eine enge Beziehung zu ihren Eltern. Nicht selten nahm das Kaiserpaar ein oder zwei Kinder ab dem
Alter von vier Jahren zu kurzen Besuchen bei Verwandten in Laxenburg mit. So etwa Maria Christina, die ihre Eltern allein oder mit
Maria Anna nach Mannersdorf zur Gräfin Fuchs, der »Mami« ihrer
Mutter, begleitete.[2] Gleichermaßen wurde die jüngste Tochter Elisabeth auch ohne ihr Kindermädchen, Fürstin Trautson, zu »Mami«
mitgenommen. An Letztere schrieb die Kaiserin einen Brief voller
Lob auf ihre kleine Tochter:

»Ich weiß nicht, wo ich mit dem Lob für Elisabeth anfangen soll:
Ich kann sagen, dass weder ein Kind noch eine erwachsene Person
oder sogar eine angenehme Begleitung [so angenehm gewesen
wäre wie sie]. Wir sind nach eindreiviertel Stunden angekommen,
nach einer sehr holprigen Fahrt, die sie wunderbar ertragen hat; sie
hielt sich wie eine kleine Statue und störte sich weder an der Hitze
noch am Staub, unterhielt sich fortwährend und vernünftig über alles Mögliche, ohne sich aufzuregen oder sich nicht gerade zu halten,
und forderte nicht das Geringste. Eine Person von zwanzig Jahren
hätte es nicht besser gekonnt. Bislang hat sie ihre älteren Geschwister mit ihrer größeren Anmut übertroffen [...]. Sie hat sich mit uns
eine Stunde lang sehr gut unterhalten. Ich habe ihr Abendessen gebracht; später kam sie für einige Minuten [zu uns] zum Abendessen, wo sie sich großartig benahm. Sie ging nicht freiwillig, protestierte aber nur leise – zur Weber: ›[D]u mögst mich schon weg

---

1 28. Februar 1745; ebd., S. 29.
2 16. Juli 1746; ebd., S. 101 u. 17. Juli 1747; ebd., S. 162.

haben.‹ Das ließ mich fürchten, sie würde sich aufregen, aber alles ging ruhig vonstatten. Ich sah sie noch vor dem Einschlafen. Sie hat bis halb fünf gut geschlafen. Sie erledigte all ihre Aufgaben, las mit mir *La Vie des saints*, dann frühstückten wir gemeinsam heiße Schokolade, aber das, grauslich.«[1]

Diese Schilderung Maria Theresias zeigt, dass sie eine engere und innigere Beziehung zu ihren jungen Kindern hatte, als manchmal behauptet wird. Außerdem spürt man hier, dass die kleine Elisabeth ihre Mutter durch ihr mustergültiges Verhalten für sich einnehmen wollte. Sie war erfolgreich: Ihre Mutter verbarg weder ihren Stolz noch ihre Rührung – Empfindungen, die sie hinsichtlich des kleinen Joseph nicht im gleichen Maße hatte, als er sie nach Mähren begleitete: »Der [siebenjährige] Sohn verhält sich, wie Sie sich vorstellen können, nicht schlecht, aber auch nicht so, dass es mir schmeicheln würde.«[2]

Erreichten die Kinder das Alter von sechs oder sieben Jahren, begann eine neue Phase. Die Erzherzoge »wurden zu Männern«. Von nun an war ein Erzieher (*Ayo*) gänzlich für sie verantwortlich; unterrichtet wurden sie von einem weiteren Erzieher. Sie zogen in andere Räumlichkeiten und mischten sich nicht mehr mit den Mädchen, die ihrerseits mit ihrer Erzieherin (*Aya*) zusammenlebten. Gleichgeschlechtliche Kinder wurden, je nach Alter, in Zweier- oder Dreiergrüppchen erzogen – mit Ausnahme Josephs, des erstgeborenen Sohns und Thronerben, der vier Jahre älter war als sein Bruder Karl. Vielleicht war er deshalb eher ein Einzelgänger. Gleiches galt auch für Amalia, die nach Karl und vor Leopold geboren wurde und drei Jahre jünger war als Elisabeth, mit der sie erst spä-

---

1 Brief der Kaiserin Maria Theresia an Fürstin Hager-Trautson, undatiert, ohne Ortsangabe [1748?–1749?]; Österreichische Nationalbibliothek, Autograph 1120/72–3.
2 [12. Juni 1748]; ebd., 1120/72–6.

ter gemeinsam erzogen wurde. Abgesehen von Joseph und Amalia bildeten die Kinder fünf Gruppen mit jeweils einer Aya oder einem Ayo. Die erste Gruppe bestand aus den drei Ältesten, Marianna, Maria Christina und Elisabeth, die zweite aus Karl und Leopold, die dritte aus Johanna und Josepha, die vierte aus Ferdinand und Maximilian und die letzte aus Karolina[1] und Antonia.

Von Maria Theresia gibt es mehr Belege über ihre Beziehung zu ihren vier Ältesten als zu den folgenden und besonders den letzten Kindern. Dennoch kannte sie den Charakter eines jeden Kindes sehr gut und wusste vielleicht noch besser über die jeweiligen Defizite als über die positiven Eigenschaften Bescheid.

Die letzte Phase begann mit 12 oder 13 Jahren. Die Ayas und Ayos bereiteten die Kinder auf ihre künftigen Rollen vor. Heiratsverhandlungen waren zu diesem Zeitpunkt schon im Gange, und die künftige Königin von Neapel wurde nicht genauso erzogen wie die für den französischen Thron bestimmte Tochter. Jungen und Mädchen waren häufiger bei Hof. Ihre Eltern reisten und jagten gern mit vieren oder fünfen ihrer Kinder, besuchten mit ihnen Gottesdienste oder machten Ausflüge nach Laxenburg.

Erzieher und Erzieherinnen

Bislang ist mehr über den Alltag der Ayas als über den der Ayos bekannt. Anders als im Fall ihrer männlichen Pendants sind von mehreren Ayas Briefe an Familie und Freunde überliefert, in denen sie vom täglichen Leben mit den Kindern und von den Vor- und Nachteilen ihres Berufs berichten. Da die Kaiserin mehr Töchter als

---

1 Gemeint ist die dritte und letzte Karolina, geb. 1752 und künftige Königin von Neapel.

Söhne hatte, waren manche der Ayas für mehrere Kindergrüppchen nacheinander verantwortlich, während andere in den Ruhestand traten und durch neue Kolleginnen ersetzt wurden. Wieder andere übten die Rolle der Erzieherin aus, ohne den entsprechenden Titel und die damit verbundenen Rechte zu genießen. Man nannte sie »Zimmermädchen«. Sie berichteten den Ayas und manchmal auch Maria Theresia direkt.

Stellenbesetzung und Aufgaben

Die Auswahlkriterien für Ayos und Ayas waren beinahe identisch. Die Ayas hatten häufig selbst Kinder, deren Erziehung sie anderen überlassen mussten, während sie selbst sich um den kaiserlichen Nachwuchs kümmerten. Das galt nicht für die Ayos, die selbst keine Kinder hatten. Deshalb wurden oft Witwen ausgewählt, die keine Verpflichtungen gegenüber Ehemännern hatten und deren Kinder bereits groß waren. Ayas wie Ayos mussten dem Adel angehören, sich bei Hof auskennen und einen hervorragenden Ruf genießen. Fürstin Trautson, verantwortlich für die drei ältesten Mädchen und mit der Suche nach einer neuen Aya beauftragt, wandte sich hilfesuchend an ihre Schwester Dominique Thürheim, die in Linz lebte. Zunächst zählte sie die verlangten Eigenschaften auf: »Meine Schwester, Ihr müsst alle Witwen von Linz [...], die als Aya am Hof in Frage kämen, genau prüfen hinsichtlich: der Frömmigkeit, der Sanftheit, der Strenge, sehr guter Gesundheit, gutem Aussehen, edler Haltung und perfekter Gewissenhaftigkeit sowie Bescheidenheit.«[1]

---

1   18. Juni [1749 ?]; Oberösterreichisches Landesarchiv (Linz), *Herrschaftsarchiv Schwertberg* 168.

44

Die Ernennung zum Ayo oder zur Aya bedeutete einen offiziellen Titel und direkten Zugang zur Kaiserin, war aber auch eine anstrengende Aufgabe mit größter Verantwortung, die einige nicht auf sich nehmen wollten.[1] Fürstin Trautson meinte, dies sei keineswegs ein gemütlicher Posten: »Mein Leben ist so aktiv und ich bin so wenig selbstbestimmt, dass ich weder nach eigenem Willen handeln noch meine Bedürfnisse befriedigen kann.«[2] War ein Kind krank, musste die Aya 24 Stunden am Tag anwesend sein, und wenn die Aya eines anderen Kinds nicht verfügbar war, musste sie einspringen. So ging es Fürstin Trautson in den 1740er Jahren: »Der kleine Karl ist immer noch von der Auszehrung bedroht [...]. Die Aya wurde plötzlich krank [...]. Heute geht es ihr besser. In der Zwischenzeit habe ich pro forma die Leitung übernommen und Arbeit bis über beide Ohren.«[3] Ähnlich äußert sie sich auch über ihre geliebte kleine Maria Anna, »ein kränkliches Kind, das die meiste Zeit im Bett liegt und es mir fürchterlich schwer macht, meinen Neigungen nachzugehen. Dieses Leben belastet mich [...].«[4] Sie beklagte sich auch, nie eine freie Minute zu haben. »Kaum ist eine Schwierigkeit überwunden [...], tritt die nächste auf, die Mimi [Maria Christina] wird krank [...]. Alles lastet auf mir, hält mich hier gefangen und verhindert, dass ich in meinem eigenen Zuhause bin.«[5]

Fürstin Trautson betrachtete die Kinder zwar wie ihre eigenen; vor allem Erzherzogin Maria Anna war wie eine Tochter für sie, und die Ayos und Ayas hatten Unterstützung von zahlreichen Hausangestellten, manchmal auch von nachgeordneten Erziehern

---

1 Besonders Maria Christina Rosenberg, Schwester von Franz Xaver Rosenberg, im Jahr 1764.
2 6. Dezember 1747; Linz, *Herrschaftsarchiv Schwertberg* 168.
3 [Juni 1747]; ebd.
4 Undatiert; ebd.
5 Undatiert; ebd.

und Erzieherinnen. Dennoch trugen sie enorme Verantwortung und mussten der Kaiserin, der nichts entging, allwöchentlich Bericht erstatten. Das Treffen mit Maria Theresia war für alle Ayas der schönste Moment, weil diese ihnen Respekt und Anerkennung zollte.

Das enge Verhältnis zu den Ayas

Fürstin Karolina Trautson,[1] geborene Baronin Hager, war die älteste der historisch verbürgten Ayas. 1741 trat sie im Alter von vierzig Jahren in den Dienst Maria Theresias und blieb dort offiziell bis zu ihrem Ruhestand im Januar 1763. Im Oktober 1762 hatte sie ihre damalige Aufgabe als verantwortliche Erzieherin Maria Annas an Gräfin Salmour übergeben. Dennoch stand sie weiter in Kontakt mit Maria Anna und ihrer Mutter. Ihre Karriere hatte sie im Kinderzimmer mit der Fürsorge für Maria Anna begonnen; später kamen Maria Christina, Elisabeth und manchmal Joseph hinzu. Damals trug sie noch nicht den begehrten Titel der Aya, sondern war Kammerfräulein.[2] Die Gräfin war eine sehr kultivierte Frau, die viel las, das Theater liebte und Stücke für Kinder schrieb, die sie auch selbst inszenierte. Maria Theresia pflegte eine echte Freundschaft zu ihr und suchte ihre Nähe. Die Kaiserin nahm sie nach Holitsch mit,[3] als sie dort Franz Stephan besuchte, und schrieb ihr regelmäßig, wenn sie auf Reisen war. Die Briefe setzten bereits 1745 ein, als die Königin zur Krönung ihres Mannes in Frankfurt war. Sie zeugen von einer engen und fast überraschend intimen Bindung.

1 1701–1793.
2 TKM 3, S. 118. Demnach sei sie erst am 8. Juni 1753 Aya der drei erstgeborenen Erzherzoginnen geworden.
3 TKM 2, S. 178, September 1747.

1745 beendete Maria Theresia einen Brief an Fürstin Trautson mit den Worten: »Ich küsse Sie aus tiefstem Herzen. Denken Sie daran, sich zu schonen.«[1] Ein anderes Mal schrieb sie: »Stille Freude finde ich nur in Ihrer Gesellschaft.«[2] Einige Jahre später duzte sie die Fürstin: »Ich erwarte dich ungeduldig mit einem Frühstück.«[3] Sie betrachtete sie als Maria Annas zweite Mutter.

Fürstin Trautson machte ihrerseits keinen Hehl aus ihrer Bewunderung und sogar »Leidenschaft« für die Kaiserin. Als gute Psychologin beschrieb sie ihre Gefühle und die Beziehung der beiden sehr genau:

»Viele Jahre lang, das weiß ich noch, empfand ich Respekt, Bewunderung, Eifer und Zärtlichkeit für Maria Theresia und zugleich die engste, wahrste, vertrauteste und wärmste Freundschaft für meine Freundinnen. Maria Theresia weiß dies, wusste es immer und schätzte mich deshalb nicht weniger. Sie zählte auf mich – mit einem Wort: Sie kannte mich. Ich glaube, sie hätte mich peinlich gefunden, wenn ich ihr gezeigt hätte, dass meine zärtliche Bindung zu ihr mich jenen gegenüber verändert hätte, denen ich noch vor ihr verpflichtet war. Ihr Geheimnis war unverletzlich, ihre Interessen waren mir heilig und ich war meinen Freundinnen genauso treu wie ihr. Die Kaiserin hat mehr Aufgaben als jeder andere. Hätte ich eine leidenschaftliche Anhänglichkeit gezeigt, die in mir jedes andere Gefühl ausgeschlossen hätte, wäre sie erschreckt und hätte sich ungeachtet ihrer sehr freundschaftlichen Zuneigung von mir entfernt.«[4]

1   22. [September 1745?]; Österreichische Nationalbibliothek,
    Autograph 1120/70–6, ohne Ortsangabe, undatiert.
2   [16. Januar 1748]; ebd., 1120/71–5, ohne Ortsangabe, undatiert.
3   René van Rhyn (Hg.), »Lettres inédites de l'impératrice Marie-Thérèse«, veröff.
    in der *Österreichischen Rundschau*, Bd. 33, Wien, 1912, S. 275.
4   [Ende der 1750er – Anfang der 1760er Jahre]; Archiv der Provinz Gelderland
    (Arnheim), 0613, *Familie Bentinck/Aldenburg Bentinck* 629.

Die verwitwete Gräfin Maria Walburga von Lerchenfeld, geb. Trauttmansdorff,[1] Mutter zweier Söhne, kam im Sommer 1756 nach Wien, um sich um Johanna (sechseinhalb) und Josepha (fünfeinhalb) zu kümmern. Sie berichtete ihrem Sohn von ihrer Vorstellung bei der Kaiserin: »Ihre Majestät erschien und empfing mich mit so viel Güte wie nur möglich [...]. Sie ließ mir keine Zeit, ihr zu danken, und sagte sofort: Ich bin es, die Ihnen verpflichtet ist, weil sie etwas für mich opfern und das ruhige Leben aufgeben, das Sie führen könnten. Dann sagte sie: Sie haben nur Söhne, nun müssen Sie sich an Töchter gewöhnen, aber das stört mich nicht, da ich so viel Gutes über Ihre Kinder höre. Mehr erwarte ich auch für die meinen nicht. [...] Dann sprach sie äußerst anmutig über alles Mögliche. Wären alle Herrscher wie sie, würde man ihnen umsonst dienen wollen.«[2]

Hier wird deutlich, dass Maria Theresias unwiderstehlicher Charme immer noch Wirkung zeigte! Dabei handelte es sich keineswegs um reine Diplomatie. Die Kaiserin betrachtete die Ayas als Zweitmütter und wichtigste Mitarbeiterinnen. Sie wusste, was sie ihnen verdankte, und verpasste keine Gelegenheit, es ihnen zu sagen. Zu jeder von ihnen baute sie eine persönliche, privilegierte Beziehung auf, die der jeweiligen Dame schmeichelte. Musste eine Aya auf ein krankes Kind aufpassen, machte sie ihr ein schönes Geschenk. Nach Josephas Scharlacherkrankung etwa berichtete Gräfin Lerchenfeld von einer »Galanterie« der Kaiserin: »Eine Schnupftabakdose aus Austernschalen und diamantbesetzte Muschelohrringe. Ich wollte diese Geschenke nicht annehmen und sagte, ich hätte nicht Geburtstag, aber sie ließ mir ausrichten, das mache nichts und ich solle sie dennoch annehmen [...]. Man muss sagen,

---

1 Geb. in Bayern (1713–1770).
2 Brief an ihren Sohn Philipp, Wien, 1. Juli 1756; Staatsarchiv Amberg (Bayern), *Archiv Schloss Köfering* 652.

dass es keine anderen Herrscher gibt, die derart aufmerksam sind und ein solches Benehmen haben.«[1]

Die Kaiserin beschränkte ihre Freundschaft und Freundlichkeit nicht auf adelige Erzieherinnen. Genauso verhielt sie sich etwa gegenüber der Französin Madeleine Copineau, die Fürstin Trautson von Françoise de Graffigny,[2] Autorin der *Briefe einer Peruanerin*, wärmstens empfohlen worden war. Anfang der 1750er Jahre kam Copineau nach Wien, stand zunächst im Dienst des Fürsten Trautson, später des Fürsten Khevenhüller-Metsch und wechselte dann zu Erzherzogin Elisabeth, die damals 14 Jahre alt war. Dort blieb sie von 1758 bis 1770 und kümmerte sich zwischen 1759 und 1761 auch um Karolina.

Copineau war ebenfalls sehr kultiviert, wurde als Kammerfrau angestellt und erhielt nie den Titel einer Aya. Allerdings war sie die Ranghöchste unter den Kammerfrauen. Sie verstand sich gleich hervorragend mit Elisabeth, die häufig kritisiert wurde, und setzte ihre gesamte pädagogische Kompetenz ein, um deren explosiven Charakter einzuhegen. Auch sie erstattete Maria Theresia wöchentlich Bericht. An Françoise de Graffigny schrieb sie: »Ihre Majestät ist sehr zufrieden mit meiner Erziehung der Erzherzogin. Ich habe ihr von unserer kleinen Intrige erzählt, die ihr sehr gefallen hat [...]. Sie glauben nicht, Madame, wie viel Neid mir entgegengebracht wird, weil ich das Vertrauen Ihrer Majestät genieße. Oft spreche ich eine halbe Stunde lang mit ihr. Ich habe falsche Vorstellungen berichtigt, die man ihr über die Prinzessin einreden wollte [...]. Schließlich fiel es Ihrer Majestät wie Schuppen von den Augen und

---

1 An Philipp, 5. März 1757, ebd.

2 19. September 1757; TKM 4, S. 118. Außerdem verfasste sie mehrere Theaterstücke, davon vier für die Kinder der Kaiserin, die diese auch aufführten. De Graffigny hatte Madeleine Copineau bei der Herzogin von Richelieu kennengelernt, wo diese deren Sohn, den Herzog von Fronsac, erzog.

sie glaubt nun nur noch meinen Berichten. Ich habe die Ehre, ihr zum Ende der Woche von allem zu erzählen, was vorgefallen ist, Gutes und Schlechtes, Letzteres übertreibe ich aber nicht, wie es zuvor üblich war.«[1]

Erzherzogin Elisabeth verschliss einige Frauen, darunter Obererzieherinnen wie die Marquise de Herzelles, Ayas und Kammerfrauen. Eine von ihnen war Maria Anna von Trauttmansdorff, die Nichte von Gräfin Lerchenfeld. Sie arbeitete lange für Elisabeth und musste ihre Wutausbrüche ertragen. Nach einer dieser Episoden schrieb Maria Theresia ihr: »Meine liebe Trauttmansdorff, ich bin sehr verärgert über die Szene, die [sich] gestern ereignet hat. Wäre ich rechtzeitig informiert worden, hätte ich dem Mädchen nie erlaubt, in diesen Situationen in Erscheinung zu treten. Hier muss man jene leider schlagen, die sich weder durch Empfindungen noch durch Einsicht leiten lassen [...]. Ich habe keine Erholung für Sie in Aussicht, und das betrübt mich wirklich sehr nach allem, was ich Ihnen verdanke und was Sie für eine Undankbare geopfert haben. Ich weiß, dass Sie deshalb nicht weniger gutwillig sind, und liebe Sie dafür noch mehr.«[2]

Am nächsten Tag kam sie auf das Thema zurück, um ihre Solidarität und Dankbarkeit auszudrücken: »Meine liebe Trauttmansdorff, ich hoffe, Ihre Nacht war besser als meine; aber ich war gestern so verzweifelt über dieses ungehörige Mädchen, dass ich mich nicht wohlgefühlt habe. Nie werde ich vergessen, wie viel Sorgen und Mühen Sie investiert haben. [...] Nie könnte dies meine Freundschaft zu Ihnen verringern und Ihnen gerecht werden, was Sie mehr verdienen als eine Mutter.«[3]

---

1 [Januar 1758?]; Bibliothèque nationale de France, *Papiers Graffigny*, n.a.f. 15579, f. 29 r-v, ohne Ortsangabe, undatiert.
2 ÖStA AVA, *Familienarchiv Trauttmansdorff* 125, ohne Ortsangabe, undatiert., f. 14 r.
3 Ebd., f. 11 r.

Wie auch immer die Umstände waren – selbst im Fall von Konflikten oder wenn ihre Töchter sich nicht gut mit den Ayas verstanden, harmonierten, drückte Maria Theresia diesen gegenüber stets ihre Anerkennung aus.

Die Auswahl der Erzieher der Erzherzöge, insbesondere des Thronfolgers, trafen Vater und Mutter gemeinsam. Der Feldmarschall Graf Karl Josef Batthyány wurde aufgrund seiner Ehrenhaftigkeit und seines militärischen Ruhms ausgewählt. Er hatte die Hauptverantwortung für die Erziehung der drei ersten Erzherzöge und wurde von Vize-Ayos unterstützt, denen er Anweisungen gab, die er selbst von Maria Theresia erhielt. Er war zu alt, um sich um die letztgeborenen Brüder Ferdinand und Maximilian zu kümmern. Dies übernahmen hauptsächlich Karl Goëss und später Anton Thurn-Valsassina. Verglichen mit dem Bäumchen-wechsel-dich der Ayas der Erzherzoginnen zeugten die Ayos und Vize-Ayos von großer Stabilität, hinterließen aber kaum Erlebnisberichte.

Mütterliche Anweisungen

Diese Anweisungen waren abhängig von Alter, Geschlecht und Charakter der Kinder. Hauptsächlich ging es darum, diese auf ihre späteren Aufgaben vorzubereiten. Die Anweisungen betrafen Seelen-, Körper- und Geistesbildung und enthielten auch Punkte, die für beide Geschlechter gleichermaßen galten. Dies betraf zuallererst die Religion, die auf Unterwerfung und Liebe zu Gott zielt und als deren wichtigste Wirkungen Gehorsam und Liebe gegenüber den Eltern betrachtet wurden. Damals wurde der Vater als Stellvertreter Gottes in der Familie wahrgenommen. Doch Maria Theresia dehnte, wenn sie von »Eltern«[1] sprach, diese Stellvertreter-rolle auch auf sich selbst aus. Hinsichtlich der Gebetsstunden und Gottesdienstbesuche war sie sehr streng. Der zweite Imperativ be-stand in der besonderen Aufmerksamkeit für den Gesundheits-zustand eines jeden Kindes, dessen Ernährung, Essenszeiten und Sauberkeit. Füße und Münder waren Gegenstände besonderer Anweisungen. Dem bereits 15-jährigen Leopold warf die Kaiserin vor, er neige »in keiner Weise zur Sauberkeit«.[2] Gleichermaßen beurteilte sie Ferdinand, der damals mit Beatrice d'Este verheira-tet war.

Mädchen wie Jungen mussten in Vorbereitung auf ihre re-präsentativen Rollen in der Öffentlichkeit zudem von klein auf Tanzen, Theaterspielen und Musik erlernen. Schon früh nahmen sie an den Hofbällen teil. Maria Anna tanzte im Alter von sieben Jahren mit Khevenhüller;[3] der sechsjährige Joseph spielte mit sei-nen kaum fünfjährigen Schwestern Maria Anna und Maria Chris-tina die Rolle des Cléon.[4] Zum Geburtstag des Vaters führten die drei Ältesten *L'Heureuse Épreuve* von Saint-Foix auf.[5] Im Jahr da-rauf, 1748, eröffnete Joseph den Ball anlässlich der Geburtstags-gala der Kaiserin, indem er ein Menuett mit seiner (34-jähri-gen!) Tante Charlotte tanzte; seine Schwester Maria Anna tanzte mit Alexei Bestuschew[6]. Im Februar 1756 plante die Kaiserin eine Überraschung: »Den 12. dachten I.M. die Kaiserin eine Surprise für den Kaiser aus, weillen eben heut der Jahrtag dero Beilagers

---

1   *Instructions de l'impératrice Marie-Thérèse pour l'Ayo de son fils Joseph, feld-maréchal Batthyány*, [Dezember 1748]; BMT 4, S. 9.
2   Brief an den Grafen Franz Thurn [Mai 1762]; ebd., S. 23.
3   13. Mai 1745; TKM 2, S. 56.
4   26. Januar 1747; ebd., S. 142.
5   7. Dezember 1747; ebd., S. 194.
6   13. Mai 1748; ebd., S. 222. Alexei Petrowitsch Bestuschew-Rjumin (1693–1768) war ein russischer Diplomat.

einfallet, und liessen sämmtliche 12 junge Herrschaften, sogar die kleine Frau Antonia, masquiren und producirten sich mit dieser liebreichen Suite bei den heutigen donnerstätigen Kinderfest.«[1]

Maria Theresia nutzte jede Gelegenheit, um ihren Kindern beizubringen, wie sie sich in der Öffentlichkeit zu benehmen und die Blicke der Hofgesellschaft auf sich zu ziehen hatten. Für Schüchternheit war hier kein Platz; Würde und Charme waren gefragt.

Die kaiserlichen Anweisungen, die sich auf die konkrete Bildung der Kinder bezogen, unterschieden zwischen Mädchen und Jungen. Beide Geschlechter mussten bereits sehr jung Französisch und Latein (die Amtssprache Ungarns) erlernen, wobei Maria Theresia besonderen Wert auf die schriftlichen Fertigkeiten ihrer Kinder legte.[2] War sie nicht in Wien, verlangte sie, dass jedes ihrer Kinder ihr entweder auf Deutsch, Französisch oder Latein schrieb.[3] Wehe, eines schrieb unordentlich oder machte Rechtschreibfehler. Die beiden Ältesten wurden oft zurechtgewiesen, wenn sie ihrer Mutter schrieben – vor allem Maria Anna, die mehr Fehler machte als Joseph, obwohl sie vier Jahre älter war. Insgesamt war das schulische Lernpensum der Mädchen jedoch nicht mit dem der Söhne vergleichbar. Laut den für Gräfin Lerchenfeld bestimmten Instruktionen waren für sie die religiösen Pflichten das Wichtigste. Doch »an Sonn- und Feiertagen [studierten sie] geografische Karten, Übersetzungen, Fabeln, [lasen]

---

1 12. Februar 1756; TKM 4, S. 7.

2 In ihrer Anweisung für Karl Goëss, den Vize-Ayo der Jüngsten (einzige Erwähnung: »22. September«) schrieb sie: »Ich möchte, dass meine Söhne das Schreiben, die Orthographie und den Stil mehr üben, Briefe schreiben und man mir diese jeden Samstag schickt, ohne sie zu kopieren. Ich weiß, dass sie anfangs nicht allzu gut aussehen werden, aber man muss das Schritt für Schritt verbessern.« KLA *Privatarchiv Familie Goëss* C 190.

3 Brief von Maria Christina an Joseph, 26. Mai 1752; Mährisches Landesarchiv Brünn (Brno), *Familienarchiv Salm-Reifferscheidt*, G 150, 27, n° 148, f. 87–88.

das eine oder andere Buch, [machten] Handarbeiten oder ähnliche Aktivitäten.«[1]

Natürlich veränderten sich die Anweisungen entsprechend dem Alter der Schülerinnen. Doch Maria Theresia merkte erst spät, dass ihre letzte Tochter, Maria Antonia, im Alter von zehn Jahren noch immer nicht richtig lesen und schreiben konnte und ihre Briefe von ihrer Aya, Madame de Brandis, verfasst wurden. Jedoch wurden die Mädchen hauptsächlich dazu erzogen, charmante Ehefrauen zu werden, die ihren Mann zu unterhalten und zu begleiten wussten. Das Wichtigste war, dass sie lernten, zu gehorchen und zu gefallen und nicht die gelehrten Damen zu spielen.

Maria Theresias Anweisungen für die Ayos umfassten weniger das schulische Programm ihrer Söhne als vielmehr die Prinzipien einer moralischen Erziehung. Sie waren zum Herrschen und Regieren bestimmt und sollten »tugendhaft« sein. Doch die Kaiserin hielt auch deren geistige Bildung für sehr bedeutend. Joseph und seine Brüder sollten nicht nur in drei Sprachen lesen und schreiben können, sondern auch Mathematik, Geschichte, Geografie und natürlich Recht beherrschen. Batthyány schrieb in seinen Anweisungen für den Vize-Ayo Philippe de La Mine, Geschichtsprofessor von Joseph: »Die Bildung ihrer Durchlaucht des Erzherzogs ist von solchem Ausmaß, dass ihre verschiedenen Teile, die das Ganze bilden, jeweils eines einzelnen Mannes bedürfen, der sein gesamtes Wissen auf den Teil der Ausbildung anwendet, die ihm anvertraut ist.«[2] Deshalb stand für die Söhne eine Armada von Lehrern, oft Jesuiten, bereit – die militärische Ausbildung, die sie von klein auf genossen, ist hierbei noch nicht berücksichtigt. In seinem Tagebuch von 1747 vermerkte Khevenhüller: »Den 31. wäre öffentlicher

1 [November 1756]; BMT 4, S. 104.
2 4. August 1751; KLA *Privatarchiv Familie Goëss* C 190.

Gottesdienst, aber die Taffel en retraite; und weillen die Kaiserin das Althannische Regiment dem Ertsherzog Joseph gegeben, so hat zwar selber anheut die die Uniforme angezogen; allein ungehindert alle anwesende Obristen sich bei Hoff eingefunden, um ihren neuen, vornehmen Cameraden zu complimentiren, so hat doch die Kaiserin nicht für gutt befunden [...]«.[1] Gleiches galt für Erzherzog Karl, der seit dem vierten Geburtstag mit seinen Eltern den Gottesdienst besuchte und dabei die Uniform eines Oberst des Infanterieregiments Ujváry trug, die die Kaiserwitwe ihm am Vortag gegeben hatte.[2] Im Jahr darauf sah man Joseph zu Pferd als Anführer seines Regiments in Begleitung des Kaisers.[3] Seine jüngeren Brüder folgten später seinem Beispiel.

1749 eröffnete Maria Theresia das öffentliche Examen ihrer Söhne in verschiedenen Fächern des Lehrplans. Beim ersten Versuch war Joseph acht Jahre alt und die Öffentlichkeit beschränkte sich auf seine Mutter, Khevenhüller, Batthyány und den Priester, der Geschichte und Geografie unterrichtete. Das Kind bekam Komplimente.[4] Mit den Jahren vergrößerte sich das Publikum; die Prüfung fand nun monatlich statt. So wurde auch Bartenstein zu einer Prüfung Erzherzog Josephs in Geschichte und Latein eingeladen, wie Khevenhüller berichtete: »Den 21. hatte ich die Gnad, abermalhen einem examini historico et lingua latinae des Ertzherzogs Josephs nebst den Bartenstein als Zeugen desselben in der That augenscheinlich anwachsenden Progressen zu assistiren, welchem auch I. M. die Kaiserin mit villem bezeigtem Vergnügen zugehöret

---

1 7. Dezember 1747; TKM 2, S. 199.
2 Depesche des Geschäftsträgers Blondel, Wien, 22. März 1749; MAE *CP Autriche*, vol. 242, f. 86 r. Die Kaiserinwitwe war Elisabeth Christine, Maria Theresias Mutter.
3 10. Dezember 1748; TKM 2, S. 288.
4 13. August 1749; ebd., S. 342.

hat.«[1] Während Maria Theresia kein einziges Examen ihrer Kinder verpasste, glänzte der Kaiser nicht mit Anwesenheit. Diese wird nur einmal erwähnt, als er für »nur einige Augenblicke bei einer Geographieprüfung Erzherzog Josephs« war.[2] Alle Söhne mussten die Tradition dieser Examen fortführen. Auch Karl (zehn Jahre) und Leopold (sieben Jahre) wurden gemeinsam einer Prüfung in Geschichte und Geografie in Anwesenheit von Graf Kaunitz und Baron Bartenstein unterzogen: »[Man] ist verwunderlich, wie diese beiden kleinen Herrn sich hierbei sowohl in linea memoria als zumahlen auch judicii distinguiret und ganz ausnemmliche Specimina ihrer von Gott überkommenen grossen Talenten dargeleget haben.«[3] Auch Josephs Leistungen bei einem Examen in Philosophie, Metaphysik und Ontologie wurden bewundert. Man lobte den Erzherzog, »welcher für sein Alter und in Betrachtung der Materiae subtilis et abstrusae, worüber man selben quaestioniret, nicht weniger dann in Ansehung der lateinischen Sprach, worinnen er sich expliciren müsse, allerdings seine Schuldigkeit gethan hat«.[4]

Khevenhüller erwähnt keine öffentlichen Prüfungen der Erzherzoginnen. Gräfin Lerchenfeld berichtet allerdings von der Anwesenheit Maria Theresias bei einer Prüfung Johannas und Josephas: »Die Kaiserin hat ein Examen bei meinen Erzherzoginnen abgehalten; sie war sehr erfreut über alles, was sie wussten, und machte ihnen sehr schöne Komplimente.«[5]

Vielleicht beweist dies, dass sie sich mehr für die Lernerfolge ihrer Töchter interessierte, als man sich vorstellen konnte.

1   21. Februar 1752; TKM 3, S. 14.
2   7. Mai 1752; ebd., S. 30.
3   17. März 1755; ebd., S. 230.
4   27. August 1755; ebd., S. 157.
5   Brief der Gräfin Lerchenfeld an ihren Sohn Philipp, Schönbrunn, 2. September 1758; Amberg, *Archiv Schloss Köfering* 653.

Die Instruktionen für die Ayos ähnelten sich zwar, genauso wie jene für die Ayas, doch Maria Theresia erinnerte stets an die individuellen Charakterzüge des Kindes, auf das sie sich jeweils bezogen. Normalerweise handelte es sich dabei um Verhaltensweisen oder Neigungen, die korrigiert werden sollten. Damals bestand das Ziel von Erziehung noch immer im »Begradigen« dessen, was als schief betrachtet wurde.

1748 berichtete die Kaiserin Batthyány, was sie bei ihrem siebenjährigen Sohn beobachtet hatte: »Da mein Sohn als ein uns so lieb und importantes Pfand mit großer Zärtlichkeit und Liebe von der Wiege gepflegt worden, ist sicher, dass seinem Willen und Verlangen in vielen Stücken zu viel nachgegeben worden, und insbesondere seine Bediente ihn sowohl durch unterschiedliche Schmeicheleien als auch einige unzeitigen Vorstellungen seine Hoheit verleitet, sich gern gehorsamen und ehren zu sehen, hingegen die Widersetzung unangenehm und fast unerträglich zu finden, sich nichts zu versagen, gegen Andere aber leicht, ohne Gefälligkeit und rude zu handeln. [...] [S]elbe wie die meiste Jugend oft Tausendmal vergißt, und auch oft zu den nöthigen Application schwer zu disponieren ist [...].« Die Mutter verlangte vom Ayo Geduld und Toleranz statt der eher trockenen und langweiligen Art der meisten Lehrer in den Schulen. Das Wichtigste sei, dass das Kind die Person, von der es ganz abhängig war, zu respektieren und zu fürchten lerne. »Durch diese reservirte Conduite kann der Ajo selbst kleine Nachlässigkeiten übersehen, welche durch eine Besserung bei Meister und Instructor selbst ersetzt, von ihnen können dissimulirt werden, wodurch er vielen Wortenwechseln entgehen wird, die mein Sohn, dem es an Verstand nicht mangelt, mit vielem Schmeicheln, Entschuldigungen oder vehementen Einwendungen, auch Disputiren, sonderlich wenn er animirt ist, anwenden würde, dadurch oft ein Vorgesetzter selbst irre gemacht wird, oder zu Verhütung unanständiger Szenen weichen müsste, wovon die Jugend, die solches genau wahrnimmt, zu ihrem Vortheil profitirt. [...] Eine von den Neigungen, die am meisten müssen bestritten werden und abzuwenden gesucht, ist die aus seinem aufgeräumten Gemüth entstehende Lust, an Jedermann die äußerlich und auch innerlichen Fehler alsbald zu beobachten, sich davon einnehmen zu lassen, dawider zu railliren, welches nicht allein wider die Liebe der Nächsten, sondern ihn auch an dem vernünftigen Urtheil so sehr verhindern [...]. Der Ajo soll beflissen sein, alle diejenige, die ihm zu viel schmeicheln, die ihm von der Hoheit seiner Geburt mehr als nöthige Einbildungen geben wollen, [von ihm fernzuhalten]. [...] Sein point d'honneur soll in dem bestehen, seiner Eltern Gnade und Liebe durch seinen Fleiß und gute Aufführung zu verdienen [...]. [Er soll] [d]ie Fehler der Andern entschuldigen.«[1]

Es folgen Bemerkungen der Mutter über Josephs Gesundheitszustand, seine religiösen Pflichten, seinen Tagesablauf, seine Hobbys etc. Sie schließt mit der Formulierung: »Und endlich übergeben Seine Majestät der Kaiser (dessen Willen und Meinung gemäß alle diese Punkte von mir sind verfasst worden [...])«.

1752 schrieb Batthyány die – wahrscheinlich von Maria Theresia diktierten – Instruktionen auf. Er richtete sie an den Vize-Ayo von Karl (sieben Jahre) und Leopold (fünf Jahre), Graf Johann Philipp von Künigl. Dieser solle zunächst »eine zärtliche, freundschaftliche Beziehung innerhalb der gesamten königlichen Familie befördern [...] [und] beide Prinzen lehren, dass sie ihren älteren Bruder respektieren und ihm gegenüber ehrerbietig sein müssen, wie dieser es auch unablässig ihnen gegenüber ist, um sie daran zu erinnern,

---

1 Anweisungen der Kaiserin Maria Theresia für Batthyány [Dezember 1748]; BMT 4, S. 5–13.

was auch er ihnen schuldig ist [...]. Das gemeinsame Spiel muss beaufsichtigt werden, sodass es nie zu Gerangel oder zu übermäßiger Innigkeit oder Eifersucht kommt, sondern stets brüderliche Herzlichkeit herrscht. Ihre Majestäten geben Anweisung, dass diese Gefühle sorgfältig geweckt, immer stärker kultiviert und genauso dem Erzherzog Leopold eingegeben werden, der ganz seinem Lehrer [Franz Thurn] verbunden zu sein scheint.«

Der Charakter beider Kinder wird nur knapp skizziert; die zu erreichenden Ziele sind beschränkt. »Erzherzog Karl neigt von Natur aus zur Höflichkeit und Aufmerksamkeit allen gegenüber. Darin muss man ihn sorgsam unterstützen und ihm gleichzeitig, stets seinem Altersfortschritt entsprechend, die Unterschiede im Umgang mit Menschen verschiedenen Rangs und Charakters begreifbar machen.«[1] Mehr über den Jungen erfährt man aus den Empfehlungen Batthyánys an den Lehrer Benoît Wynands, die ungefähr aus derselben Zeit stammen. Darin heißt es: »Beschreibung des Erzherzogs: [Er hat] ein gutes und wohltätiges Herz, ist großzügig [...], aber auch von galligem, aufbrausendem Temperament, neigt zu Wutanfällen, ist sehr kindlich und verspielt für sein Alter [...]. Der Erzherzog muss davon überzeugt werden, dass er Euch weder durch Meinungsstärke und Widerstand noch durch Zärtlichkeit ins Wanken bringen kann.«[2]

Über den kleinen Leopold heißt es nur, er habe »nicht die gleiche Liebenswürdigkeit [wie Karl]. Es ist deshalb nötig, sie ihm durch Gewöhnung einzugeben und ihn vor allem dazu zu bringen, heiter und freudig zu wirken und sich einer entsprechenden, freundlichen Ausdrucksweise zu bedienen.« Künigl wird darauf hingewiesen, er

---

1 Anweisung für den Vize-Ayo Philipp Künigl von Karl Batthyány, Wien, 5. April 1752; KLA *Privatarchiv Familie Goëss* C 190.
2 *Instruction pour M. Wynands pour l'éducation de S. A. R. Charles*, undatiert, ÖStA HHStA *HausA FamA* 55–1, f. 5 r-6v.

müsse vor allem streng sein, sich den Respekt der Jungen verschaffen und nicht zu vertraut mit ihnen umgehen. »Er wird dem Erzherzog Karl nie den geringsten Widerspruch oder die kleinste Willensbekundung durchgehen lassen, ihn auch nicht streiten oder zur Entschuldigung viel reden lassen. Auch dem Erzherzog Leopold wird er nie auch nur die kleinste Nonchalance, Faulheit oder Unhöflichkeit durchgehen lassen, da es sich hierbei um sehr gefährliche Charakterzüge handelt.«[1]

Im Alter von sieben und fünf Jahren waren die Brüder gegensätzlich. Der Ältere war lebhaft, einnehmend und schmeichelnd, während der Jüngere verschlossen, melancholisch und wenig gesellig erschien.

Die Niederschrift der Instruktionen zur Erziehung ihrer Töchter überließ Maria Theresia niemand anderem, sondern erledigte sie selbst. Was sie Gräfin Lerchenfeld über Johanna und Josepha mitteilte, galt hinsichtlich der Erziehung für alle Erzherzoginnen: »Sie sind geboren zu gehorchen und sollen es mithin bei Zeit gewöhnen. Ich fürchte, die Johann hat einen starken Kopf, obwohl sie sonst Fähigkeiten genug hat [...]. Die Josepha scheint ein Kind zu sein, aber nicht so kapabel. Keine Furcht vor nichts ist selben zu gestatten, weder vor Gewittern, Feuer, Geistern, Hexen oder anderen Kindereien, auch den Leuten keine solchen Diskurse zu erlauben oder furchtsame Sachen zu erzählen. Vor keiner Krankheit ist ihnen Scheu zu machen, sondern ganz natürlich von Allem mit ihnen zu reden, auch von den Blattern und dem Tode, es ist allzeit gut, ihnen denselben beizeiten bekannt zu machen. Keine Aversionen sind ihnen gegen nichts[2] und noch weniger gegen Jemand zu gestatten, keine Familiarität mit den Leuten, höflich mit Allen,

---

1 5. April 1752; KLA *Privatarchiv Familie Goëss* C 190.
2 Maria Theresia erwähnt an einer früheren Stelle des Schreibens die besondere Abneigung Johannas gegen den freitäglich und in der Fastenzeit servierten Fisch.

besonders mit Fremden. In all' ihren Spielen ist nicht zu erlauben, dass sie etwas Gemeines oder Hartes vorstellen. Sie [die Lerchenfeld] wird am besten wissen, all' dies einzuleiten, und ich habe all' mein Vertrauen zu ihr. *Jede Stunde, wann sie will, kann sie zu mir kommen, ich werde ihr in Allen gern an die Hand gehen.*«[1]

Aufgrund ihrer Nähe zu den Erzieherinnen hatte Maria Theresia hinsichtlich der Erziehung ihrer Töchter volle Kontrolle. Ihr Interesse noch an den kleinsten Details des Alltagslebens ihrer Töchter war damals eine Seltenheit und entsprang nicht dem Vorbild der eigenen Mutter, sondern ausschließlich eigenen Überlegungen. Den Alltag ihrer Söhne regelte sie zwar mit gleich hohem Einsatz, doch die zwischen ihr und den Ayos spürbare Distanz führt dazu, dass das Bild der Beziehung zu ihren Söhnen weniger konturiert erscheint. Dennoch hatte sie zu allen Söhnen und Töchtern oder wenigstens zur Mehrheit ihrer Kinder ein enges Verhältnis.

Sie bemerkt, alle ihre Kinder hätten die gleiche Aversion gezeigt und überwinden müssen. Man dürfe sich deshalb keinesfalls erweichen lassen.

1 [November 1756]; BMT 4, S. 103. Hervorhebung von der Autorin.

III

DIE KINDER UND IHRE MUTTER

Von Maria Theresia sind zahlreiche Zeugnisse ihrer Gefühle für ihre ältesten Kinder, Maria Anna und Joseph, überliefert. Sie sorgte sich aus unterschiedlichen Gründen um beide und beschäftigte sich deshalb auch am meisten mit ihnen. Oft vertraute sie sich Tarouca und den Ayas an. Hinsichtlich der jüngeren Kinder Maria Christina, genannt Mimi, Maria Elisabeth und sogar Karl und Leopold sind weniger Zeugnisse erhalten. Vielleicht stellten sie die Kaiserin als Kinder einfach vor keine großen Probleme. Man weiß auch nur wenig über ihre Beziehung zur kleinen Amalia, ihrem achten Kind, das von Karl und Leopold isoliert und im Vergleich zur Gruppe der drei älteren Mädchen zu jung war. Das Zusammensein dieser drei mit ihrer Mutter wird in verschiedenen Briefwechseln häufig erwähnt. Sie spielten neben der Kaiserin, wenn diese Unterlagen bearbeitete, begleiteten die Eltern bei Ausflügen aufs Land oder Reisen[1] – gleich, ob es sich um politische oder freundschaftliche Reisegründe handelte oder man einfach zum Zeitvertreib verreiste.[2] Maria Theresia legte großen Wert auf ihre religiösen Pflichten und wollte diese auch ihren Töchtern vermitteln – die Söhne waren diesbezüglich störrischer. Oft ließ sie sich von einer ihrer Töchter bei Gottesdiensten, Prozessionen oder Pilgerfahrten begleiten.

---

1 Vgl. die weiter unten erwähnten 34 Briefe an Fürstin Trautson.
2 Vgl. besonders TKM 3, April–Mai 1752.

Die sechs jüngsten Kinder, Johanna, Josepha, die dritte Karolina, Ferdinand, Antonia und Maximilian, wurden in den zahlreichen Briefwechseln der damaligen Zeit nur selten erwähnt. Dieses Schweigen mag viele Gründe gehabt haben, doch man darf sich durchaus vorstellen, dass die Mutter sich hier vielleicht etwas weniger engagierte als im Fall der zuvor geborenen Kinder. Nach der Geburt ihres zehnten Kindes (der zweiten Karolina, die am 17. September 1748 bei der Geburt starb) gestand sie ihrer Freundin Antonia von Sachsen: »Ich wäre recht zufrieden, bei zehn Kindern aufzuhören, weil ich spüre, wie es mich schwächt und stark altern lässt. Darüber würde ich mir keine Sorgen machen, würde es nicht meine Fähigkeit zur geistigen Arbeit einschränken«.[1] Unerwähnt ließ sie ihre Angst vor den Geburten, die für sie einem Todesrisiko gleichkamen, und dass zehn Kinder, für die sie die moralische Verantwortung trug, genügten, um selbst eine allmächtige Kaiserin ausreichend zu beschäftigen, war sie doch an den kleinsten Details interessiert und zudem depressiven Schüben unterworfen.

Waren die Kinder aus dem Haus, korrespondierte sie jedoch gerade mit jenen am meisten, über deren Kindheit wenig bekannt ist. Amalia von Parma, Leopold, Großherzog der Toskana, Maria Karolina von Neapel, Ferdinand von Modena und Maria Antonia, Königin von Frankreich, erhielten die meisten Briefe von ihr. Diese Briefe lassen erahnen, was Maria Theresia für ihre Kinder empfand und was sie von ihnen hielt. Sie zeigen auch, dass die später am meisten geliebten Kinder nicht immer jene sind, zu denen sie auch in der Kindheit die größte Zuneigung verspürte, sondern manchmal auch jene, um die sie sich am wenigsten kümmerte. Wie viele Mütter hatte auch Maria Theresia ihre Favoriten.

---

1 Undatierter Brief (»zwischen 20. August und 4. September 1749«); vgl. Woldemar Lippert (Hg.), *Kaiserin Maria Theresia und Kurfürstin Maria Antonia von Sachsen. Briefwechsel 1747–1772*, Leipzig, 1908, S. 5.

Maria Anna, das kranke Kind

Sie war das einzige Mädchen, das zur Regierungszeit ihres Großvaters Karl VI. geboren wurde und überlebte. Damals war Maria
Theresia nur die Ehefrau von Franz Stephan, dem Großherzog der
Toskana. Sie hatte keinerlei politische Verantwortung und ihr
Mann war ihre große Liebe. Zwanzig Jahre später gestand sie bei
einer Familienfeier: »Maria Anna hat mich fast zu Tränen gerührt
mit ihrem Gesang und ich habe gespürt, dass ich sie mehr als die
anderen liebe, weil sie noch das Kind der Großherzogin ist und
nicht das der unglücklichen Königin.«[1] Diese Aussage machte sie
während des Siebenjährigen Kriegs und während ihr Ehemann eine
leidenschaftliche Affäre mit einer dreißig Jahre jüngeren Schönheit
hatte. Es handelte sich um die Prinzessin von Auersperg, die damals 19 Jahre alt war, genau wie Maria Anna.

Bis ins Alter von vier oder fünf Jahren bereitete Maria Anna ihren Eltern keinerlei Sorgen. Nach allgemeiner Überzeugung war
sie lebendig und charmant. Maria Theresia hatte sie gern um sich.
Ein erstes Zeugnis ihrer körperlichen Schwäche und der diesbezüglichen mütterlichen Gefühle stammt aus dem September 1744:
»Gott sei Dank geht es der kleinen Maria Anna, die sehr krank
war und an Fieber litt, seit einigen Tagen besser. *Vor allem die Königin, die sie abgöttisch liebt,* und auch alle anderen nehmen großen Anteil daran. Das hat sie sicherlich verdient, und ich glaube,
dass es auf der Welt kein liebenswerteres Kind gibt«.[2] Es handelte
sich nicht um eine normale Kinderkrankheit, sondern um den Beginn eines Zustands, der im Lauf der Jahre immer wieder auftreten

---

1 An Tarouca [Oktober 1759?]; ÖStA HHStA *LA Belgien* DD-B blau 3–4, f. 138 r.
2 So Dominique Hager an ihren künftigen Ehemann, Graf Gundacker von
   Thürheim, Wien, 16. September [1744]; Linz, *Herrschaftsarchiv Weinberg* 1239,
   Hervorhebung von der Autorin.

sollte. Fieber, Kopfschmerzen, Blutungen und Blutspucken traten immer häufiger auf, je älter das Mädchen wurde, und zwangen es zu manchmal wochenlanger Bettruhe.[1] Ging es ihr gut, glänzte sie mit ihrer künstlerischen Begabung sowohl fürs Theater als auch für Gesang und Tanz. Ihre Aya, Fürstin Trautson, berichtete ihrer Schwester stolz: »Die Komödie meiner Erzherzogin ist die Neuigkeit des Tages. Man spricht ständig und allerorten davon. Ihr würdet nicht glauben, wie sich dieses charmante Kind gestern in Gegenwart einer großen Menge verhalten hat. Sie hat ihren Text rezitiert und alle Bewegungen ausgeführt, die ihre Rolle verlangt, und hat mit der größten Anmut getanzt.« Am nächsten Tag fügte sie hinzu: »Diese sechsjährige Schauspielerin hat beim zweiten Mal ein noch größeres Wunder vollbracht als beim ersten, und alle sind verzaubert.«[2]

Über Maria Anna gibt es zahlreiche lobende Zeugnisse. Sie reichen von einer trockenen Feststellung ihres Vaters (»Das Mädchen ist lieb.«)[3] bis zu einer Depesche des sächsischen Gesandten in Wien, der sie wie folgt beschrieb: »Die ältere Erzherzogin schien die am wenigsten schöne Figur [unter den Erzherzoginnen] zu haben und gleichzeitig nicht bei guter Gesundheit zu sein. Falls dies ein Makel ist, gleicht sie ihn jedoch aus durch ihren Geist und ihre graziöse, gutherzige Art.«[4]

1 Fürstin Trautson an ihre Schwester Dominique Hager, ohne Ortsangabe, undatiert: »Meine Erzherzogin ist kränklich, ihr Zustand verändert sich von einem Tag auf den anderen und sie liegt meistens im Bett. Dieses Leben und der Wechsel von Furcht zu Hoffnung und Rückfall in die Angst machen mich niedergeschlagen.« Linz, *Herrschaftsarchiv Schwertberg* 168.

2 [1. u. 2. März 1745]; ebd.

3 20. Februar 1745; vgl. J. A. Dainard (Hg.), *Correspondance de Mme de Graffigny*, Oxford, 2002, Bd. VII, S. 262. Dokumentiert ist die Aussage von O'Gara, dem Obersten Kammerherrn von Franz Stephans Schwester Anna Charlotte.

4 Depesche des Gesandten des sächsischen Hofs in Wien, Graf Flemming, an den Minister Brühl, 29. Juli 1752; Dresden, 10026, *Geheimes Kabinett*, Loc. 174/1, f. 13 v-14 r.

Bis April 1757 wurde Maria Annas Krankheit nicht diagnostiziert. Ob aus Unwissenheit oder weil sie ein Staatsgeheimnis bleiben sollte, ist unklar – vermutlich Letzteres. Die sonst so ausführlichen Depeschen der Botschafter erwähnen eine Fehlbildung, aufgrund derer Maria Anna nicht heiraten könne, werden aber nie konkret. Gerüchten zufolge hinkte sie oder war buckelig. Anfang März 1757 deutete der französische Botschafter an, Maria Anna habe »seit vier bis fünf Tagen ständig Fieber und [leide an] Kopfschmerzen«.[1] Doch es handelte sich scheinbar nicht um eine schwere Erkrankung, zumal es Maria Anna nach zwei Wochen besser ging. Am 6. April war dann von einer Verschlechterung ihres Zustands die Rede; sie erhielt die Sterbekommunion. Maria Theresia war verzweifelt: »Für mein armes Mädchen gibt es keine Hoffnung. Sie leidet, dass man es nicht mehr mit ansehen kann, und sagt sehr rührende Dinge [...] voller Zärtlichkeit zu mir [...]. Sie macht sich nur Sorgen darum, mich zu verlassen [...]. Ich gebe zu, dass ich dieses Kind am meisten liebte [...].«[2]

Gräfin Lerchenfeld gegenüber zeigte sie sich gänzlich niedergeschlagen: »Ich bin viel schwächer, als ich gedacht hätte. Der gütige Gott hat mir solche Verluste lange erspart [1740, 1741, 1748] und ich durchlebe nun alle noch einmal.«[3] Wenige Tage später war Maria Anna außer Gefahr und Maria Theresia schrieb Gräfin Lerchenfeld: »Ich glaubte, zusammenzubrechen.«[4]

---

1   9. April 1757; MAE *CP Autriche*, vol. 257, f. 104 r.
2   An Tarouca [April 1757], vgl. Theodor von Karajan, *Maria Theresia und Graf Sylva-Tarouca. Ein Vortrag, gehalten in der feierlichen Sitzung der Akademie der Wissenschaften am 30. Mai 1859*, Wien, 1859.
3   [April 1757]; BMT 4, S. 106.
4   Ebd., S. 107.

Die wundersame Heilung wurde auf die Ernährung Maria Annas mit Muttermilch zurückgeführt. Noch immer wurde die geheimnisvolle Krankheit, die sie fast ins Grab brachte, nicht beim Namen genannt. Nur ihre Aya erwähnte mehrmals Maria Annas »Gelbsucht«.[1] Die Wahrheit findet sich in einem privaten Brief Johann Josef Khevenhüllers. Was er dem *Tagebuch* nie anvertraute, offenbarte er seinem Sohn Sigismund am 23. April 1757: »Der Gesundheitszustand von Erzherzogin Maria Anna ist ungefähr gleichgeblieben, seit sie mit Muttermilch ernährt wird. Sie wird viermal täglich gestillt […] Bislang wagt noch niemand, von einer Rekonvaleszenz zu sprechen, wobei die körperliche Fehlbildung eines der größten Hindernisse darstellt; die Rippen sind so verkrümmt, dass man nicht weiß, ob sie auf der einen Seite nicht vielleicht die Lungen durchstechen.«[2]

Die Krankheit, die Maria Anna so häufig ans Bett fesselte, führte bei ihr nicht nur zu einer Vorliebe für Malerei, Musik und Gesang, sondern auch für das Lesen und intellektuelle Beschäftigungen. Dank Fürstin Trautson weiß man, dass sie gerne sang und sich dabei auf dem Cembalo begleitete oder »über die Aussagen Marc Aurels nachdachte«.[3] Als Erwachsene interessierte sie sich immer mehr für verschiedene wissenschaftliche Disziplinen. Ihr Vater, der sie sehr liebte, weckte ihr Interesse an Numismatik und

---

1 Vgl. die Briefe an Gräfin Bentinck [1757]; Arnheim, *Familie Bentinck* 642.
2 ÖStA HHStA *Sonderbestände Khevenhüller/Riegersburg* 48–2. Hervorhebung von der Autorin. Die Krankheit, die zur damaligen Zeit keinen Namen hatte, ist heute unter dem Fachbegriff *Pectus excavatum* (Trichterbrust) bekannt. Diese Einsenkung der Brustkorbwand nimmt mit fortschreitendem Körperwachstum zu und geht mit einem mehr oder weniger ausgeprägten Druck auf das Brustbein einher. Um dies auszugleichen, krümmt sich die erkrankte Person zusammen und wird buckelig. Es ist also sehr wahrscheinlich, dass Maria Anna an einer Lungenentzündung litt.
3 Arnheim, *Familie Bentinck* 631, ohne Ortsangabe, undatiert.

Naturgeschichte, welches sie später auch mit ihrem Onkel väterlicherseits teilte, Prinz Karl von Lothringen.[1] Doch sie interessierte sich auch für andere Wissenschaften, etwa Physik, Chemie und Archäologie.

Im Lauf der Zeit nahm sie immer weniger am Hofleben teil und isolierte sich immer stärker. Ihre Mutter, die Intellektuelle nie schätzte – erst recht nicht, wenn es sich um Frauen handelte –, reagierte auf das Verhalten ihrer Tochter wütend, fast verächtlich. Über die ewige Kranke sagte sie sogar, »dass sie alle sechs Monate stirbt«? Als Erwachsene war Maria Anna nicht mehr die Lieblingstochter ihrer Mutter, sondern bekam das Gefühl, dieser zur Last zu fallen. Im Gegenzug blieb sie bis zum Tod des Vaters am 18. August 1765 eines seiner Lieblingskinder. Eine von Fürstin Trautson überlieferte Anekdote zeigt, wie zärtlich der Vater mit der Tochter umging:

»Morgen soll der Kaiser aus Holitsch kommen [...]. Weil Erzherzogin Maria Anna ihren Namenstag dort verbrachte, ließ der Kaiser Slawen zum Klang von 24 Sackpfeifen tanzen. Als die Erzherzogin sich am Ende des Balls zurückzog, sagte man ihr, der Anführer der Slawen wolle ihre Hand küssen und ihr einen Blumenstrauß überreichen. Sie blieb stehen, reichte ihm die Hand zum Kuss, bedankte sich bei ihm für den großen Gladiolenstrauß und wies ihre Hofdamen an, sich gut um die schönen Blumen zu kümmern. Bald darauf erfuhr sie, dass der Kaiser selbst, verkleidet als Slawe, ihr die Blumen überreicht hatte, und man zeigte ihr 24 große Brillanten in der Mitte des Straußes. Man stelle sich ihre Verwirrung und Überraschung vor!«[2]

---

1 Vgl. *Journal secret de Charles de Lorraine, 1766–1779*, hg. v. Michèle Galand, Brüssel, 2000, S. 304, 313, 449, 450, 457 u. 470.
2 An Gräfin Bentinck, 31. Juli 1764; Arnheim, *Familie Bentinck* 650.

Maria Annas Liebe zu ihrem Vater ist unbestritten. Sein Tod war für sie besonders schmerzhaft: »Er [Gott] nahm mir plötzlich und erschröcklich meinen vill geliebten Vattern weg, jenem so meine einzige Stützen ware, mein einziges Vergnügen diesen nahm er plötzlich weg; dieser Tod schlagte mich zu Boden, dieser Tod machte durch ein Jahr allen Freuden und Unterhaltungen ein End, ließ mir also Eindrücke und Zeit Reflectionen zu machen; ich gestehe es ich war so heftig so übertrieben in meiner Betrübnis als ich es leider in allen war [...].«[1]

Das Verhältnis von Mutter und Tochter war zwar deutlich distanzierter geworden, doch Maria Anna litt unter Maria Theresias Tod 15 Jahre später in einer Weise, die man als »normal« bezeichnen könnte. In ihren Aufzeichnungen über die letzten Tage und den Tod ihrer Mutter ist eine natürliche Zerrissenheit angesichts des Sterbens der Mutter erkennbar, die Maria Anna als »die beste aller Mütter«[2] bezeichnet. Handelte es sich dabei um eine übliche Redeweise, oder entsprach sie dem Anlass? Immerhin verließ Maria Anna wenige Monate später Wien und ging – scheinbar ohne Bedauern – nach Klagenfurt ins Kloster, wo sie ungehindert das intellektuelle Leben führen konnte, das sie so schätzte.

---

1 Adolf Innerkofler, *Eine große Tochter Maria Theresias: Erzherzogin Marianna in ihrem Hauptmonument, dem Elisabethinen-Kloster zu Klagenfurt*, Innsbruck, 1910, S. 54. Fürstin Trautson bestätigt diese beinahe pathologische Trauer in einem Brief an Herzogin Bentinck, fast eineinhalb Jahre nach dem Tod des Kaisers: »Die arme Prinzessin ist noch niedergeschlagen vom Verlust des Vaters. Sie kann sich davon nicht erholen.« 7. Dezember 1766; Arnheim, *Familie Bentinck* 637.

2 Innerkofler, a. a. O., S. 76–85.

Der arrogante kleine Joseph

Vor Josephs Geburt brachte Maria Theresia drei Mädchen zur Welt, weshalb sie am Lothringer Hof verspottet worden war. Als die Marquise de Stainville von Maria Annas Geburt erfuhr, kommentierte sie »die lächerliche Geburt der Großherzogin: es ist erbärmlich, dass diese mürrische Deutsche nichts als Töchter bekommt. Sie ist dumm genug, um das noch bis zu ihrem hundertsten Geburtstag zu tun.«[1]

Josephs Geburt am 13. März 1741, mitten in der Niederlage gegen Friedrich II., wurde von seinen Eltern, dem Hof und der mit dem Haus Habsburg verbundenen Bevölkerung mit Freude und immenser Erleichterung aufgenommen. Er war der sehnlichst erwartete, erste gesunde männliche Erbe seit der Geburt seines Großvaters Karl VI. 1685 und wurde mit öffentlicher Freude und Glockengeläut empfangen. Kaum geboren, wurde er bereits wie ein kleiner König behandelt. Er wurde von seinen Eltern, Ayas und sämtlichen Bediensteten verhätschelt. Niemand konnte ihm einen Wunsch abschlagen; er gab den Ton an. Mit sieben Jahren, an der damaligen Schwelle zur Welt der Männer, war er ein verwöhnter kleiner Junge, der als faul und arrogant galt. Der künftige Joseph II. war sein Leben lang Gegenstand von Schilderungen ausländischer Botschafter, die sich weitgehend einig waren, in einigen Details aber auch gravierend voneinander abwichen. Das erste erhaltene Porträt stammt von Podewils, dem Gesandten Friedrichs II., der im Juni 1746 in Wien eintraf. Auf Bitten Friedrichs II. lieferte er einige Monate später schriftliche Porträts des Kaisers, der Kaiserin und des Thronerben. Letzterer war gerade sechs Jahre alt geworden. Der Gesandte

---

1 16. Oktober 1738; vgl. J. A. Dainard (Hg.), *Correspondance de Mme de Graffigny*, a. a. O., Bd. I, Brief 40, S. 91.

scheint sich zwar um Objektivität zu bemühen, zeigt jedoch wenig Nachsicht mit Joseph:

»Erzherzog Joseph ist nicht groß für sein Alter, aber wohlgestaltet und sogar schön [...]. Sein Ausdruck ist stolz und hochmütig, genau wie seine Umgangsformen. Statt ihn darin zu korrigieren, lässt man ihn gewähren und erzieht ihn gemäß der Maximen der alten Größe des Hauses Österreich. Er duzt alle Menschen, obgleich der Kaiser selbst sie in der dritten Person anspricht; überhaupt redet er nur selten mit anderen, außer mit jenen von Rang oder mit den Damen, denen er die Ehre eines Gesprächs zukommen lässt. Er ist bereits höchst überzeugt von seinem Rang. Es ist nicht lange her, dass er jemandem sagte, dieser habe sein Missfallen auf sich gezogen. Er reicht allen, selbst den Damen, seine Hand zum Kuss.

Man hat mir versichert, dass er in seinem Zimmer, welches mit Porträts seiner Vorfahren geschmückt ist, einmal gesagt habe: ›Hier ist der Kaiser, mein Großvater, hier ist so eine Kaiserin, und dann drehte er sich um und sagte abfällig, dies hier sind nur ein Herzog und eine Herzogin von Lothringen.‹ Der Kaiser versucht ernsthaft, die Hochmütigkeit zu korrigieren, liebt ihn aber zu sehr, um sehr streng mit ihm zu sein, und alle anderen haben sich verschworen, den Erzherzog darin zu bestätigen.

Er ist unnachgiebig und stur und leidet, wenn man ihn einschließt und zum Fasten zwingt, statt um Entschuldigung zu bitten. Die extreme Liebe, die Kaiser und Kaiserin für ihn hegen, hindert sie daran, diesen Fehler in ihm zu korrigieren, der seinen Charakter sehr stark beeinflussen wird.

Er liebt nur das Militär und schätzt nur, was damit zu tun hat, sodass er fast nur mit Offizieren und deren Frauen spricht. Er zeigt keinerlei Neigung zum Studium und es ist schwierig, ihn die einfachsten Dinge zu lehren, ob deren Unkenntnis er sich schämen müsste.

Man redet ihm große Abneigung gegen Frankreich ein, und er stimmt so willig zu, dass er sich weigert, Französisch zu lernen [...]. Ich habe nicht gehört, dass man ihn zum Hass gegen Ihre Majestät anstachelt, und es gibt keinerlei Anzeichen dafür.

Er ist großzügig. Letztes Jahr, als die Kaiserin in Schönbrunn [Karten] spielte, nahm er ihr oft Geld weg und verteilte es an arme Offiziere und Soldaten.

Bislang ist schwer zu sagen, ob er geistreich ist. Ich bezweifle jedoch, dass er jemals sehr klug wird. Alles, was man über ihn berichtet und bewundert, zeugt kaum weder von lebendiger Vorstellungskraft und Weisheit noch von einer glücklichen Verbindung von Ideen [...].

Noch ist er in der Obhut der Frauen [...]. Die schlechte Erziehung, die er genießt, und die zu große Zärtlichkeit seiner Eltern lassen nicht hoffen, dass er jemals ein großer Prinz werden wird. Die Kaiserin missbilligt die Erziehung, die seine Vorfahren genossen haben, und folgt doch bei der Erziehung ihrer Kinder und vor allem dieses Sohnes dem gleichen Pfad.«[1]

Diese Darstellung des Gesandten Friedrichs II. ist zum Teil wahr und ein wenig boshaft, nicht nur in Bezug auf das Kind, sondern auch dessen Eltern. Die Arroganz des kleinen Joseph ist unbestreitbar. Bei seinem Übergang zu den männlichen Erziehern 1748 standen die Bewerber um diese Positionen nicht gerade Schlange. Des Kaisers erste Wahl war J. J. Khevenhüller, sein Kammerherr und Vertrauter, doch dieser lehnte die Ehre unter dem Vorwand ab, er wolle den Vater nicht für den Sohn verlassen und fühle sich nicht in der Lage, diese Verantwortung anzunehmen.[2] Stattdessen schlug er vergeblich Ferdinand Bonaventura von Harrach [1708–1778]

1 A. Wolf, *Tableau de la cour de Vienne*, a. a. O., S. 503–505, 22. März 1747.
2 27. Mai 1747; TKM 2, S. 158.

vor. Genauso verhielt es sich mit dem Münzkundler Valentin Jamerey-Duval, dem Leiter des kaiserlichen Medaillen- und Münzkabinetts, der Franz Stephan nahestand, den Posten des Vize-Lehrers für Geschichte jedoch ablehnte.[1] Schließlich fiel die schwere Aufgabe Marschall Batthyány zu.

Die wiederholte Kritik an seinen Eltern, vor allem an Maria Theresia, scheint jedoch ungerechtfertigt. Das Kaiserpaar merkte weit früher, als es zu erkennen gab, dass die unerträglichen Charakterfehler des von den Ayas zu sehr verwöhnten Erbprinzen bekämpft werden mussten. In den Anweisungen der Kaiserin für Batthyány war bereits 1748 erkennbar, wie sehr sie sich über den Charakter ihres Sohns im Klaren war. Sein Aufbegehren hielt sie für so unangenehm wie inakzeptabel und kritisierte, er verhalte sich anderen gegenüber »ohne Gefälligkeit und grob«.[2] Maria Theresia verlangte von ihren Kindern stets größte Höflichkeit gegenüber ihrem Umfeld, besonders gegenüber der Dienerschaft. Es ist schwer vorstellbar, dass sie Josephs charakterliche Mängel tolerierte, wie Podewils berichtet. Im Gegenteil, sie erklärte sich für »machtlos« angesichts des aufsässigen und bockigen Kindes, das ihre Strafen kaltließen. Entgegen der bei Hofe gegenüber Erbprinzen gängigen Erziehungsmethoden habe sie ihn sogar beinahe geschlagen.[3] Franz Stephan war sich nicht weniger über seinen Sohn im Klaren. Dies bezeugt Graf Charles O'Gara, der 1746 als Teil der Entourage

1   18.August 1759; vgl. J. A. Dainard (Hg.), *Correspondance de Mme de Graffigny,* a. a. O., Bd. XI, S.98, Brief 11. Vgl. a. den Brief an Mme de Graffigny vom 7.Januar 1750, in: André Courbet (Hg.), *Correspondance de Valentin Jamery-Duval,* Bd. II, Paris, 2015, S.255.

2   *Instructions de l'impératrice pour l'Ayo de son fils Joseph* [Dezember 1748]; BMT 4, S.5.

3   A. Wolf, *Tableau de la cour de Vienne,* a. a. O., S.505. Vgl. a. Derek Beales, *Joseph II,* Bd. I, »In the Shadow of Maria Theresa, 1741–1780«, Cambridge, 1987, S.41: Demnach sei Joseph 1747 einmal von seiner Mutter geschlagen worden.

der kaiserlichen Schwester Anna Charlotte von Lothringen an den Wiener Hof kam. Nach Lunéville schrieb er, der Kaiser habe ihm etwas über den kleinen Joseph anvertraut: »Der Junge ist böse.«[1] Wahrscheinlich zeigte sich Joseph 1746 feindselig gegenüber Frankreich, das all seine Verpflichtungen gegenüber Österreich verraten und sich mit Friedrich II. verbündet hatte. Und doch ist nicht glaubhaft, dass er sich lange weigerte, Französisch zu lernen, war dies doch die offizielle Sprache am Kaiserhof. Drei Jahre später berichtete Blondel, Gesandter in Wien, von seiner ersten Audienz mit Joseph: »Nach den Komplimenten stellte er mir hunderte Fragen über den König und die Familie. Er ist acht Jahre alt, von charmanter Größe und Figur, lebendig und spricht sehr gut Französisch [...].«

Er fügte hinzu, alle kaiserlichen Kinder sprächen »sowohl Französisch als auch Deutsch«.[2]

Die Erziehung des Kronprinzen ließ dessen Eltern nie ruhen. Noch mit 12 und 13 Jahren war Joseph rebellisch und seine Mutter verzweifelt, weil sie nicht mehr wusste, welchen Heiligen sie noch um Beistand anflehen sollte. Die Bindung zwischen Mutter und Sohn war dennoch sehr stark, manchmal auch stürmisch und leidenschaftlich. Sie hatte bis zu Maria Theresias Tod Bestand und festigte sich vor allem währen der 15-jährigen gemeinsamen Regentschaft von Mutter und Sohn, die beide darauf hofften, allein zu regieren. Eine Ausnahme bildete die friedliche Zeit von Josephs erster Ehe mit Isabella von Bourbon-Parma (1760) bis zum Tod seines Vaters (1765). In dieser Zeit ordnete Joseph sich der Kaiserin vollkommen unter. Er liebte und bewunderte seine Mutter, die jene Macht verkörperte, zu der er bestimmt war. Den Vater hingegen verurteilte er nach dessen Tod. Er war ihm nicht männlich

---

1   20. Februar 1746; vgl. J. A. Dainard (Hg.), *Correspondance de Mme de Graffigny*, a. a. O., Bd. VII, Brief 969, S. 262.
2   Wien, 20. Mai 1749; MAE *CP Autriche*, vol. 242, f. 203 u. 207 r.

und stark genug, um als Identifikationsfigur zu dienen. Vielmehr bewunderte Joseph, der sich schon seit frühester Kindheit für das Militär begeistert hatte, Friedrich II., den bedrohlichsten Feind des Hauses Habsburg, den er nachahmen wollte. Franz Stephan hingegen gab als Soldat keine gute Figur ab und hatte keine politische Macht.

Die charmante Maria Christina, genannt Marie oder Mimi

Maria Christina hatte am selben Tag wie ihre Mutter Geburtstag: dem 13. Mai. Obwohl sie das Lieblingskind der Kaiserin und der Sonnenschein ihrer letzten 15 Lebensjahre werden sollte, weiß man fast nichts über Christinas Kindheit und ihr Verhältnis zu Maria Theresia. Nur drei bis heute erhaltene Briefe der Kaiserin richten sich an die damals neunjährige Mimi und schildern Reisen nach Ungarn und Böhmen.[1] Ansonsten gibt es keinerlei Hinweise auf eine besondere Verbindung der beiden, wie sie etwa zu Maria Anna bestand. Maria Christina war ein einfaches Kind, das weder Mutter noch Vater besondere Sorgen bereitete. Die seltenen Zeugnisse stammen von Quellen außerhalb der Familie, vor allem aus dem diplomatischen Korps, das es sich zur Aufgabe gemacht hatte, von den verschiedenen Krankheiten innerhalb der kaiserlichen Familie zu berichten. Der sächsische Gesandte in Wien beispielsweise schickte im Juli 1750 eine Depesche nach Dresden, die von einer mit Krämpfen einhergehenden Erkrankung der Achtjährigen berichtet. Bei dieser Gelegenheit erfährt man, dass die vom Kaiser-

---

1 Briefe vom [11. August 1751], [August 1751] u. 4. [September 1754]; BMT 2, S. 351–354.

paar geplante Reise mit den drei Ältesten verschoben wurde und man in Schönbrunn in großer Sorge war. Fast überraschend heißt es: »Man muss sich um diese Prinzessin sorgen, vor allem *Seine Majestät der Kaiser, der eine Art Vorliebe für sie hegt.*«[1] Kein Wort von den Gefühlen Maria Theresias; später schwieg Tarouca sich gleichermaßen darüber aus.[2]

Erst 1756 hörte man wieder von ihr. Damals war sie 14 und zeigt Charakterstärke anlässlich der Nominierung der Fürstin Trautson, der »großen Erzieherin Maria Annas«. Maria Christina, die seit der frühesten Kindheit von ihr aufgezogen worden war, bat ihre Mutter, die Aya auszuwechseln. Khevenhüller zufolge hatte die Jugendliche »gar keine Neigung und Vertrauen zu selber gehabt, so wurde I. M. fast benöthiget, wider ihre Willen diese Séparation und neue Einrichtung zu machen. [...] Die Ertzherzogin Maria wurde der Obsorg der verwittibten Feldmarschallin Vasquez übergeben«,[3] die stets Mimis gute Freundin bleiben sollte.

Ein Jahr später trat Maria Christina ins Bewusstsein der Öffentlichkeit, und zwar durch eine Pockeninfektion, die sie vielleicht von ihrem Bruder Joseph hatte, der einige Wochen zuvor sehr stark darunter gelitten hatte. Natürlich sorgten sich alle um den Erzherzog, doch man erfuhr, dass Maria Christina bereits zum Hof gehörte und flügge geworden war. Caroline Khevenhüller erzählt: »Alle am Hof sind in Aufruhr, weil die Erzherzogin Marie heute an den Pocken erkrankt ist [...]. Es wäre sehr schade um sie und ihr schönes Gesicht, denn Sie mögen kaum glauben, wie sie sich zu ihrem Vor-

---

1 Legationssekretär Otto an Premierminister Brühl, 17. Juli 1750, Dresden, 10026, *Geheimes Kabinett,* Loc. 2913/2. Hervorhebung von der Autorin.
2 In einem Brief an Maria Theresia [1757] erwähnte er »Mimi, die geliebte Tochter des Kaisers«; ÖStA HHStA *LA Belgien* DD-B blau 5, f. 109 v.
3 25. Juli 1756; TKM 4, S. 35 f. Maria Theresia wurde vielleicht vom Kaiser »gezwungen«, wie auch später im Fall ihrer Tochter Josepha.

teil verändert hat und dabei charmant und liebenswürdig ist. Alle Ausländer sind sehr betroffen.«[1]

Zum Glück hatte Marie – anders als Joseph – einen leichten Verlauf und wurde nicht entstellt. Maria Theresia beglückwünschte sie dazu und beklagte nur, sechs Wochen warten zu müssen, bis sie ihre Tochter wieder sehen konnte, da sie selbst diese ansteckende Krankheit noch nicht gehabt hatte.[2] In dieser Zeit, in der sich die Persönlichkeit ihrer Tochter immer mehr entfaltete, schien Maria Theresias Verbindung zu ihr für alle deutlicher sichtbar zu werden.

1758 war Maria Christina mit 16 Jahren im besten heiratsfähigen Alter. Die Frau des spanischen Königs Ferdinand VI. lag im Sterben, und verschiedene europäische Höfe boten Kandidatinnen für eine neuerliche Hochzeit an. Der französische Botschafter brachte das Thema gegenüber der Kaiserin dreimal zur Sprache. Angesichts der Missbildung Maria Annas schien Maria Christina die einzige Option zu sein. Beim ersten Gespräch lehnte die Kaiserin ab, da ihre Tochter »zu lebendig und zu jung für einen solch ernsthaften Hof« sei, und fügte hinzu, sie beabsichtige »keineswegs eine Trennung von ihren Töchtern«.[3]

Zwei Monate später, als der Tod der spanischen Königin unmittelbar bevorstand, kam der Botschafter auf das Thema zurück: »Ihre Majestät die Kaiserin scheint eine Abneigung dagegen zu haben, eine ihrer Töchter dem katholischen König zu geben, sollte er eine von ihnen heiraten wollen. In diesem Fall gäbe es nur eine, nämlich die zweitgeborene, aber *sie ist es auch, die Ihre Kaiserlichen Majestäten am liebsten haben*, weil ihr Charakter ebenso lieb-

1 Brief Caroline Khevenhüllers an ihren Sohn Sigismund, 29. Februar 1757; ÖStA HHStA *Sonderbestände Khevenhüller/Riegersburg* 48–3.
2 Undat. Brief [März 1757] an Maria Christina; BMT 2, S. 355.
3 Brief des Grafen von Choiseul an seinen Minister Bernis, 13. Mai 1758, MAE *CP Autriche*, vol. 264, f. 124 r u. 125.

lich ist wie ihre Figur und ihre Gesellschaft ihnen unendlich angenehm ist.«[1]

Eine Woche nach dem Tod der Königin schließlich, am 27. August, sprach Maria Theresia sich klar gegen eine Hochzeit Maria Christinas mit dem König von Spanien aus.[2]

Nun sprach sie nicht mehr von der Jugend oder Lebhaftigkeit ihrer Tochter, sondern von der düsteren Atmosphäre und den Sitten am spanischen Hof. Sie sagte sogar, lieber würde sie ihre künftige Schwiegertochter, Isabella von Bourbon-Parma, opfern, die Joseph versprochen war und von der man nur Gutes hörte, als ihre Tochter an einen solchen Hof zu schicken, dessen König bereits halb verrückt war.

Und eben diese Hochzeitsangelegenheit Maria Christinas sollte für immer eine Komplizenschaft und unvergleichliche Zärtlichkeit zwischen Mutter und Tochter erzeugen. Doch sie führte auch zur Entstehung von Eifersucht und Missverständnissen zwischen Mimi und ihren vom Alter her nächsten Schwestern, nämlich der älteren Maria Anna und den jüngeren Elisabeth und Amalia.

Die Voraussetzungen für das gute Verhältnis von Mutter und Tochter waren eher schlecht. Im Winter 1757 hielt sich Prinz Ludwig Eugen von Württemberg[3] in Wien auf. Maria Christina verliebte sich in ihn und wollte ihn heiraten. Ihre Mutter meinte, er sei ein »Original« und einer Erzherzogin hinsichtlich des gesellschaftlichen Rangs weit unterlegen. Sie war zwar tolerant, wollte in diesem Fall aber von einer Hochzeit nichts wissen und schickte den

---

1 14. August 1758; ebd., vol. 265, f. 291 v. Hervorhebung von der Autorin.

2 5. September 1758; ebd., vol. 266, f. 18 v u. 15. Oktober 1758, vol. 266, f. 196 v; 12. März 1761, vol. 281, f. 453 r.

3 Laut Khevenhüller (TKM 4, S. 68) traf der Prinz von Württemberg (1731–1795) im Februar 1757 in Wien ein und blieb einige Monate. Vgl. 14. Mai 1757, S. 89.

Prinzen fort.[1] Die Kaiserin vertraute dem Herzog von Choiseul damals an, »dass die vier Ältesten nie heiraten würden und sie in Ermangelung geeigneter Partien auf deren Verheiratung verzichte.«[2] Gemeint war, dass Partien fehlten, die ihrer Töchter würdig waren.

Zum Glück änderte Maria Theresia ihre Meinung. Als Erstes heiratete ihre geliebte Maria Christina, und zwar Prinz Albert von Sachsen, der keine großartige Partie war. Maria Christina war dem wertvollen Rat ihrer geliebten Freundin und Schwägerin Isabella gefolgt. Diese hatte ihr geholfen, zur Lieblingstochter der Eltern zu werden und vor allem von der Mutter das zu bekommen, was sie wollte, denn dies sei der »Weg zum Glück«.[3] Isabella hatte ihre Schwiegermutter gut beobachtet und war mit bemerkenswertem psychologischen Feingefühl gesegnet. Sie erklärte Maria Christina, wie sie das absolute Vertrauen der Kaiserin gewinnen konnte, wie sie mit ihr sprechen und sich ihr gegenüber verhalten musste. Was nach einer Lektion in Manipulation klingt, erwies sich als äußerst wirksam, denn Mimi bekam bis an ihr Lebensende alles, was sie wollte – und das unbegrenzt.

Als Albert von Sachsen sich Anfang 1760 in Wien vorstellte, um in Maria Theresias Armee zu dienen, schenkte ihm Maria Christina keine besondere Aufmerksamkeit – anders als die Kaiserin. Noch ehe Mimi ein Auge auf ihn warf, hatte er die Sympathien ihrer Mutter errungen. Wahrscheinlich interessierte Maria Christina sich erst nach 1762 für ihn. Der Kaiser träumte davon, sie mit dem Herzog von Chablais, dem Sohn König Karl Emmanuels III. von Sardinien und seiner verstorbenen Schwester Elisabeth, zu ver-

---

1 Mimi weinte um ihre verlorene Liebe und fühlte sich erst befreit, als der Prinz am 10. August 1762 Gräfin Sophie von Beichlingen heiratete.

2 Wien, 10. März 1760; MAE *CP Autriche*, vol. 275, f. 207 r-v.

3 Isabella von Bourbon-Parma, »*Je meurs d'amour pour toi …*«, a. a. O., »Conseils à Marie«, [1763], S. 191–201.

mählen. Mutter und Tochter erwiesen sich jedoch als heimliche Komplizinnen und verhinderten dank der diplomatischen Künste Maria Theresias bei der Hochzeit ihres Sohns Leopold in Innsbruck im Sommer 1765 die künftige Verbindung.

Nach dem unerwarteten Tod Franz Stephans noch im selben Sommer organisierte die Kaiserin im April 1766 die Hochzeit der 24-jährigen Mimi mit dem Mann, den beide liebten. Maria Theresia schrieb ihrem Schwiegersohn: »Ich bin in der Lage, sie Ihnen zu opfern, da ich Sie so liebe wie meine eigenen Kinder«. Nach der Hochzeit sagte sie: »Ich liebe Sie genauso wie Ihre geliebte Mimi.«[1]

Diese Liebesheirat sollte die einzige ihrer Art bleiben. Keines der anderen Kinder der Kaiserin durfte sich den Partner selbst aussuchen. Diese »Verbindung zweier Herzen«[2] sorgte für Eifersucht, vor allem bei Maria Anna, wie Königsfeld im Sommer 1764 an Baumgarten schrieb: »Die älteste Erzherzogin würde ihrer Schwester Prinz Albert allzu gerne wegschnappen, aber dieser will nichts bemerken [...]. Er hat schon lange ein Auge auf die zweite Prinzessin geworfen.«[3]

Das Paar lebte fortan als Statthalter und Statthalterin von Ungarn in Pressburg (dem heutigen Bratislava) und Albert wurde Herzog von Teschen. Die Kaiserin kümmerte sich weiterhin liebevoll um die beiden und konnte ihnen keinen Wunsch abschlagen.

---

1   Briefe vom [Januar] und 18. April 1766, in: Adam Wolf, *Aus dem Hofleben Maria Theresias, nach den Memoiren des Fürsten Joseph Khevenhüller*, Wien, 1859, 2. Aufl., S. 345 u. 347.

2   Fürstin Trautson an Gräfin Bentinck, Arnheim, *Familie Bentinck* 645, November 1765.

3   Bayerisches Hauptstaatsarchiv (München), *Gesandtschaft Wien* 26, Brief vom 15. August 1764.

Das kleine Mädchen, das sich auf der Reise mit ihrer Mutter wie ein Engel benahm, hatte damit nur einen Teil ihrer Persönlichkeit gezeigt. Elisabeth war die jüngste im Trio der älteren Töchter und bereitete, wie schon Maria Christina, ihre ganz auf Maria Annas Gesundheitszustand konzentrierten Mutter keine besonderen Sorgen. Bis zum Alter von 14 Jahren wurde sie von der Fürstin Trautson erzogen, die sich nie über das Mädchen beklagte – im Gegenteil. Doch die Zeugnisse lassen ein rebellisches junges Mädchen erkennen, das die Menschen harsch, manchmal grausam beurteilte und sich nicht zu zügeln wusste. Nun trat Madame Copineau in ihren Dienst.[1] Sie war so stolz darauf, dem Hof und der Entourage der Kaiserin anzugehören, dass sie die viele Kritik an Elisabeth nicht registrierte. Von Anfang an schien sie von der Ehrlichkeit, Fröhlichkeit und Lebendigkeit ihrer neuen Herrin begeistert:

»Ich bin noch immer sehr zufrieden mit meiner Erzherzogin. Alle wollen mich davon überzeugen, dass sie sich anfangs zusammenreißt, sich aber nicht mehr genieren wird, wenn sie mich besser kennt [...]. Ich habe der Erzherzogin all das Schlechte, was man mir über sie sagt, nicht vorenthalten, doch ich habe ihr auch ver-

---

1 Der Vertrag Madame Copineaus als erster Kammerfrau datiert vom 28. Dezember 1757; ein zweiter Vertrag vom 20. November 1757 stellt sie auch in den Dienst Maria Carolinas; vgl.. ÖStA HHStA *Obersthofmeisteramt, Hofzeremoniell-departement Sonderreihe* 44, f. 395 r u. 407 r. Vgl. auch Irene Kubiska-Scharl u. Michael Pölzl (Hg.), *Die Karriere des Wiener Hofpersonals 1711–1765: eine Darstellung anhand der Hofkalender und Hofparteienprotokolle*, Innsbruck, 2013, S. 510 f. Sie blieb bis 1770 bei Elisabeth. Vgl. I. Kubiska-Scharl u. M. Pölzl (Hg.), *Das Ringen um Reformen: der Wiener Hof und sein Personal im Wandel (1766–1792)*, Mitteilungen des österreichischen Staatsarchivs, Innsbruck, 2018, Bd. 60, S. 528. Frau Copineau war Frau Trautson von Frau Graffigny wärmstens empfohlen worden.

sichert, dass es meinen guten Eindruck, den ich von ihrem Charakter gewonnen habe, nicht zunichtemacht, sondern mir klar ist, dass ihr Auftreten und ihre Neigung zur Satire ihr viele Feinde eingebracht haben, dass sie besser aufpassen müsse, dass sie in einem Alter sei, in dem alles Konsequenzen habe, und ich alles, was sie getan hat, als Kinkerlitzchen betrachten werde [...]. Sie warf sich mir an den Hals, küsste mich zärtlich und sagte: ›Meine liebe Copineau, ich glaube, der Himmel hat Sie dazu bestimmt, mich zu verändern.‹ [...] Sie gestand mir, dass es sie große Mühe koste, diesen Makel zu korrigieren, sie aber ihr Möglichstes tun und alle Konsequenzen ziehen werde.«[1]

Trotz ihrer Versprechungen und der Bemühungen Madame Copineaus änderte Elisabeth sich nicht, sondern verstärkte ihr Verhalten noch. Sie war immer schwerer zu bändigen und erschöpfte eine Aya nach der anderen durch Kapriolen und Neckereien, die sie nicht beherrschte. Unter anderem Gräfin Trauttmansdorff, die seit 1761 in ihren Diensten stand, musste dafür herhalten. Nach der Witwe von Heister, die Maria Theresia aus den Niederlanden geholt hatte und die von Elisabeth als »abstoßend«[2] qualifiziert worden war, kam nun die allseits als charakterfest und gutherzig bekannte Marquise de Herzelles an die Reihe. Sie war bereits 1759, mit dreißig Jahren, verwitwet und wurde für fast drei Jahre zur Obererzieherin Elisabeths – von März 1761 bis Herbst 1763. Elisabeth schien die Neue gemocht zu haben,[3] doch diese bat aus gesundheitlichen Gründen um die Erlaubnis, ihren Posten zu räumen: Sie vertrage

---

1 Brief an Mme de Graffigny, 20. Dezember 1757, f. 26 r-17 r; Bibliothèque nationale de France, n.a.f. 15579.
2 Ebd.
3 Dies lässt sich aus den Briefen ableiten, die sie Marquise de Herzelles nach deren Abreise schrieb; vgl. K. de Lettenhove (Hg.), *Lettres inédites*, a.a.O., S. 52–54.

das Wiener Klima nicht.[1] In Wahrheit brachten Elisabeths Ausbrüche ihre Umgebung mehr und mehr aus der Fassung. Mal war sie bestens gelaunt, am nächsten Tag unerträglich, niemand wusste, wie man mit ihr umgehen sollte, zumal sie laut ihrer Mutter merkwürdige Verhaltensweisen an den Tag legte: »Nachdem Elisabeth dreißig Stunden lang geschwiegen hat, ist sie nun zu ihrem üblichen Verhalten zurückgekehrt. Gestern habe ich sie vier Stunden lang mit der Herzelles und der Lodron, die allein in Niederweiden sind, gut im Griff gehabt [...]. Ich glaube, Sie täuschen sich oft in ihrer Ansicht, denn man muss sie wie eine Kranke betrachten, Mitleid mit ihr haben, aber sie auch hart angehen [...]. Ich werde Ihnen mündlich mehr sagen.«[2]

Einige Wochen nach der Abreise der Marquise de Herzelles schrieb Elisabeth ihr: »Ihre Majestäten sind mit meinem Verhalten zufrieden, was mir unglaubliche Freude bereitet. Ich wollte Ihnen das nicht vorenthalten, da ich weiß, wie sehr Sie sich für all meine Belange interessieren, und da ich keine größere Befriedigung kenne, als [Ihren Majestäten] jenen Trost zu spenden, den sie durch ihre mütterliche und väterliche Wohltat und Güte verdienen. Ich kann Ihnen versichern, dass ich sie von ganzem Herzen liebe und achte.« Sie fügt hinzu: »Bisher geht alles gut, aber ich bin nicht stolz darauf, denn ich habe damit zu viel Erfahrung.«[3]

Maria Theresia behielt recht: Die ruhige Phase war nicht von Dauer. Einen Monat später hatte sich alles geändert: »Zwei Wo-

---

1 Der Vorwand scheint wenig glaubwürdig, da sie drei Jahre später nach Wien zurückkehrte, um sich um die damals fünfjährige Tochter Josephs II., Maria Theresia, zu kümmern, bei der sie bis zu ihrem Tod 1770 blieb.

2 An Maria Christina [1761]; BMT 3, S. 355. Hervorhebung von der Autorin. Zu beachten ist, dass die beiden Schwestern sich nicht gut verstanden und Elisabeth sehr eifersüchtig auf Maria Christina, das Lieblingskind ihrer Eltern, war.

3 Brief an Marquise de Herzelles vom 25. September [1763]; vgl. K. de Lettenhove (Hg.), *Lettres inédites*, a. a. O., s. 52 f.

chen sind sehr gut vergangen. Ich habe all meine Gefälligkeit und Nachsicht eingesetzt, sie als Freundin behandelt und ihr jede Freiheit gelassen, doch unglücklicherweise hat [ihr] die dreitägige Gala diesen Monat wieder den Kopf verdreht und alles, was unterdrückt war, kehrte im Überfluss zurück. Seit dem 15. habe ich sie eingesperrt. *Ich werde sie wie eine Verrückte behandeln,* der man mit Vorsicht begegnen muss.«[1]

Engel oder Dämon? Gräfin von Lerchenfeld weigerte sich 1763, in Elisabeths Dienst zu treten, weil sie die Hölle befürchtete. Gleichzeitig beschrieb Fürstin Trautson sie begeistert als wunderschön, liebevoll zu Kindern und lobte sie auch sonst: »Die Erzherzogin Elisabeth ist sehr schön und brillant, lebendig, einnehmend und von charmanter Fröhlichkeit.«[2]

Elisabeth war wohl janusköpfig und verhielt sich je nach Situation und Gesprächspartner ganz unterschiedlich. Leider hat Maria Theresia, die nie von Schönheit oder Charme ihrer Töchter sprach, kaum Zeugnisse über das Verhalten der erwachsenen Elisabeth hinterlassen. Sie überlegte jedoch, sie im Alter von 15 Jahren mit König Ferdinand von Spanien zu verheiraten, den sie sich für Maria Christina nicht vorstellen konnte. Der französische Botschafter in Neapel berichtete von einer Unterhaltung mit dem österreichischen Botschafter, die ihm zu denken gab: »Firmian sagte mir, die Kaiserin werde keinerlei Anstrengung unternehmen, um den König von Spanien zur Heirat mit einer der Prinzessinnen, ihren Töchtern, zu bewegen, doch wenn er eine davon begehre, *gäbe sie ihm mit Freude die dritte* [Elisabeth].«[3] Falls diese Aussage stimmt, könnte sie bedeu-

---

1 Brief an die Marquise de Herzelles vom 27. Oktober 1763; ebd., S. 8. Hervorhebung von der Autorin.
2 An Gräfin Bentinck, 6. Februar [1767]; Arnheim, *Familie Bentinck* 645.
3 Depeche des Marquis d'Ossun, 16. September 1758; MAE *CP Naples*, vol. 75, f. 254 r. Hervorhebung von der Autorin.

ten, dass die Kaiserin die unkontrollierbare Tochter gerne losgeworden wäre. Diese Schlussfolgerung wäre allerdings etwas voreilig, denn die Beziehung der beiden sah später ganz gegenteilig aus.

Karl – brillant und frech

Die Geburt des zweiten Erzherzogs erfüllte dessen Eltern mit großer Freude, weil sie die Dynastie Habsburg stärkte, vor allem im Fall eines vorzeitigen Todes des älteren Joseph. Doch das Baby war schwächlich und man fürchtete um sein Überleben. Karoline Hager, die künftige Prinzessin Trautson, vertraute ihrer Schwester an: »Erzherzog Karl [zwei Jahre] wird fürchterlich von der Auszehrung bedroht; er isst, trinkt und schläft, wird aber von Tag zu Tag magerer.«[1] Drei Jahre später wurde bei Hofe eine Gala zu Ehren des fünften Geburtstags des Jungen veranstaltet. Der sächsische Gesandte in Wien schrieb: »Dieser Prinz, der früher sehr kränklich war und dem man deshalb kein langes Leben zutraute, ist schon seit über einem Jahr bei bester Gesundheit und nicht weniger energetisch als Erzherzog Joseph.«[2] Sein Nachfolger Flemming lieferte weitere Details: »Erzherzog Karl, der aufgrund seiner häufigen Krankheiten sehr klein geblieben ist, hat ein sehr schönes Gesicht und einen feurigen Charakter. Es schien mir, dass Ihre Majestät die Kaiserin ihn seinen Brüdern vorzieht, obgleich sie versucht, dies zu verbergen.«[3]

Gründete diese nur schwer zu verbergende Bevorzugung in der mütterlichen Zuneigung zu einem kränklichen Kind, dessen Ver-

---

1 5. Juni 1747; Linz, *Herrschaftsarchiv Schwertberg* 168.
2 Brief von Otto an Brühl, Wien, 4. Februar 1750; Dresden, 10026, *Geheimes Kabinett*, Loc. 2913/2.
3 Brief von Flemming an Brühl, Wien, 29. Juli 1752; ebd.

lust zu befürchten stand – wie im Fall der kleinen Maria Anna –, oder einfach darin, dass Karl der begabteste und bezauberndste unter den Brüdern war? Maria Theresia war trotz allem nicht blind für Karls charakterliche Mängel, die sie, ganz ohne Schönfärberei, ihrem Oberhofmeister Batthyány schilderte: Karl sei allen gegenüber höflich und aufmerksam, aber trotzig und nörglerisch,[1] dies müsse korrigiert werden. Diese Anweisung hatte jedoch kaum Folgen, da seine Eltern und seine Entourage ihn bereits als möglichen Nachfolger seines älteren Bruders betrachteten. Davon zeugt diese Depesche des sächsischen Gesandten: »Man will lieber Leopold [fünfeinhalb Jahre] mit der Prinzessin von Modena verheiraten und nicht Karl [acht Jahre], weil eine italienische Prinzessin keine geeignete Partie für den Erben der österreichischen Monarchie wäre.«[2]

Wie schon Joseph ließ man auch Karl vieles durchgehen, was beim Älteren zu starker Eifersucht auf den jüngeren Bruder führte, der so viel klüger und charmanter war als er selbst. Vielleicht begriff er, dass Karl der von den Eltern bevorzugte Erzherzog war, und vielleicht hatte er am Hof auch Gerüchte gehört, wonach bedauert wurde, dass Karl nicht der Thronerbe war ... Im Ergebnis wuchs Karl jedenfalls nicht gerade in Bescheidenheit auf und aus dem höflichen, aufmerksamen Kind war mit 14 Jahren ein arroganter, cholerischer und eitler junger Mann geworden.[3] »Den 1. Februarii wurde zwar wegen des Ertzherzogs Carl Geburts-Tags Gala angesagt. Er empfinge aber keine Complimenten, aus vorschützender Unpäßlickeit; in der That aber geschahe es aus Straff und um ihn zu de-

---

1 *Anweisungen Karl Batthyánys an den Vize-Ayo Philipp Künigl*, Wien, 5. April 1752; KLA *Privatarchiv Familie Goëss* C 190.

2 Brief von Flemming an Brühl, Wien, 10. Oktober 1753; Dresden, 10026, *Geheimes Kabinett*, Loc. 741/2, f. 255 v.

3 *Anweisung für M. Wynands* [1758?–1759]; ÖStA HHStA *HausA FamA* 55–1, f. 5 r–v.

müthigen, weillen der kleine Herr von einem ungemein hochtra-
benden Geist ist und zumalen seinen Cammerherrn und Bedienten
die chocant- und empfindlichste Sachen zu sagen weis.«[1]

Einige Monate nach dieser öffentlichen Erniedrigung erfuhr
Maria Theresia, die sich mit ihrem Mann in Schönbrunn aufhielt,
dass der in Wien gebliebene Karl erste Anzeichen einer Pockener-
krankung zeigte. Sofort beschloss sie, zurückzukehren. »Der Kaiser hatte zwar sein mögliches gethan, um wegen dises Evenements
unseren Sejour zu Schönbrunn vill eher zu prolongiren als zu ver-
kürtzen, allein die Frau wäre nicht zu bewegen und wolte durchaus
von disem ihren Fils bien aime so weit nicht separiret bleiben, um
schleunigere Nachrichten von ihm und den Progreß der Kranckheit
einhollen zu können.«[2] Am nächsten Tag schrieb Khevenhüller seinem Sohn Sigismund: »Der Ausbruch hält bis jetzt an und man redet sich ein, es handle sich um eine milde Art [...]. Sie werden richtig vermuten, dass wir nicht weniger besorgt um diesen Prinzen
sind, der sehr liebenswürdig und *der Augapfel, wie du weißt, von
beiden Eltern* ist [...], und vor allem um [seine] unvergleichliche
Mutter. Ich zittere, wenn ich daran denke, dass sie sich nicht schüt-
zen will.«[3]

Nach einigen sorgenvollen Tagen verbesserte sich Karls Zustand so, dass die Eltern, der Bruder und die älteren Schwestern
aus Dankbarkeit an einem *Te Deum* teilnahmen. Doch kaum ein
Jahr später erkrankte Karl erneut, diesmal an Skorbut. Er starb am
18. Januar 1761. Maria Theresia blieb drei Wochen lang bei ihm und
schwebte zwischen Hoffnung und Verzweiflung. Am 13. Januar
schrieb Gräfin von Bentinck: »Das heutige Ereignis ist so traurig,

---

1   1. Februar 1795; TKM 5, S. 86.
2   9. November 1759; ebd., S. 136. Hervorhebung im Original.
3   10. November 1759; ÖStA HHStA *Sonderbestände Khevenhüller/Riegersburg* 48–2.
    Hervorhebung von der Autorin.

so schmerzhaft, so erdrückend [...]. Erzherzog Karl erhält gleich die letzte Ölung und man weiß nicht, ob er die Nacht überleben wird. [...] Stellen Sie sich den Schmerz der Kaiserin vor, der besten und zärtlichsten aller Mütter. [...] Er wurde aufs Äußerste geliebt und von Kaiser und Kaiserin den anderen vorgezogen [...]. Wir fürchten uns alle vor dem, was das arme, empfindliche Herz der Kaiserin wird aushalten müssen. Diese düstere Zeremonie der Religion dieses Landes, bei der die gesamte königliche Familie, der ganze Hof, alle Hofdamen und der gesamte Adel in Trauerkleidung verpflichtet ist, das Heilige Sakrament von der Kirche bis zum Bett des Sterbenden zu begleiten. Dieser traurige Zug und die Trauerkleidung haben etwas so Schreckliches, dass selbst die Gleichgültigen davon angefasst werden. Stellen Sie sich vor, was im Herzen einer armen, sehr zärtlichen Mutter vorgehen muss [...].«[1]

Karl überlebte jedoch noch einige Tage. Am Vortag seines Todes war eine Besserung spürbar, und Maria Theresia äußerte Tarouca gegenüber Hoffnung: »Das ist die erste halbe Stunde, in der meine zitternde Hand Ihnen mitteilen kann, dass der liebe Gott seit dem Mittag die Pflege und Arzneien des guten van Swieten gesegnet hat und wir allen Anlass zu der Hoffnung haben, dass der liebe Gott mir diesen teuren Sohn noch erhalten wird, der mir an diesem äußersten Ende so viel Trost gespendet hat. Bis zum jetzigen Augenblick habe ich nichts gespürt, aber jetzt weine ich vor Freude und Furcht und bin so schwach, dass ich kaum aufrecht sitzen kann.«[2] Betrübt schrieb Gräfin Bentinck ihrer Mutter: »Der arme Erzherzog Karl starb am 24. Tag seiner Krankheit in dem Augenblick, in dem man wieder größte Hoffnung auf seine Gesundung gefasst hatte. Die traurige Kaiserin ist niedergeschmettert. Nach so vielen angst-

---

1 Gräfin Bentinck an ihre Mutter, Wien, 13. Januar 1761; Arnheim, *Familie Bentinck* 2172.

2 [17.?] Januar 1761; ÖStA HHStA *LA Belgien* DD-B blau 3–4, f. 287 r-v.

vollen Tagen hatte sie sich hingelegt, begann durchzuatmen und glaubte ihren Sohn gerettet. Als sie aufwachte, verkündete man ihr seinen Tod. Sie demonstriert eine Gefasstheit, Vernunft und beispielhafte Frömmigkeit, die wahrlich heldenhaft sind. [...] Sie ist die zärtlichste, beste der besten Mütter [...] und dieser Sohn vielleicht ihr liebstes Kind.«[1]

Maria Theresia trauerte lange um diesen Sohn – länger, so scheint es, als um ihre anderen Kinder. »Sein [Verlust] wird immer in meinem Herzen bleiben. Wenn die anderen ihn vergessen, wird er für mich noch stärker werden.«[2] Ihr Schmerz schien nur am Grab ihres Sohnes in der Kapuzinergruft nachzulassen. »Ich habe zwei Nächte nicht geschlafen und fühlte mich so aufgeregt, dass ich mich zur Ader lassen wollte, doch seit ich dort am Grab des teuren Sohnes war, ist alles ruhig. Ich habe einen zarten Trost verspürt, den ich nicht ausdrücken kann. Selbst meine Reue ist nicht mehr so stark. Die [Tröstungen] sind mit einer inneren Sanftheit vermengt.«[3]

Wie stark ihre Trauer über den Tod zweier ihrer Töchter auch gewesen sein mag – nie wieder zeigte sie sich als eine solche *mater dolorosa*.

1   Wien, 20. Januar 1761; Arnheim, *Familie Bentinck* 2172.
2   An Tarouca [vor dem 1. Februar 1761]; ÖStA HHStA *LA Belgien* DD-B blau 3–4, f. 287 r-v.
3   An Tarouca [nach dem 1. Februar 1761]; ebd., f. 196 r. An Cobenzl schrieb Tarouca am 5. Februar 1761: »Die Kaiserin ist eine Heldin des Muts, der Religion und der Mutterliebe [...]. Eure Majestät, die diesen liebenswürdigen Sohn so bevorzugte, [...] hatte den Mut, letzten Sonntag in die Kapuzinergruft hinabzusteigen und die Messe zu hören, während sie den Sarg dieses teuren Kindes vor Augen hatte [...].« Brno, *Familienarchiv Tarouca*, G 445, 16, N° 89 23-C-2, f. 266 r.

Amalia, die Rebellin

Bis heute ist fast nichts über ihre Kindheit bekannt, geschweige denn über die Gefühle, die ihre Mutter ihr entgegenbrachte. Das einzige Dokument beschreibt eine rebellische Szene. Das neun- oder zehnjährige Mädchen weigerte sich dermaßen, gebadet zu werden, dass es sich verletzte. Der Kommentar Maria Theresias: »Die Neuigkeiten über Amalia sind schmerzhaft. Ich fürchte einen beginnenden Abszess oder eine Fistel, die man ihr bestimmt mit dem Klistier zugefügt hat [...]. Das sind die Folgen des Ungehorsams.«[1]

Die junge Amalia war altersmäßig zu weit von der Gruppe der älteren Schwestern entfernt, wurde von ihren Brüdern Karl und Leopold eingerahmt und schien nicht die volle Aufmerksamkeit ihrer Eltern zu genießen. Sie wurde erst in den 1760er Jahren gemeinsam mit Elisabeth erwähnt, und das nicht im besten Sinne. Gräfin Lerchenfeld, die Aya der zwei Schwestern, lüftete den Schleier: »Bei Elisabeth und Amalia tut sich ein Abgrund auf; nie werde ich mich ihnen widmen können, ohne meine Gesundheit und meinen Ruf zu opfern. Stellen Sie sich vor, dass Elisabeth schon die achte Erzieherin hat, seit ich hier bin. Keine hat durchgehalten, und keine konnte es erwarten, den Dienst zu verlassen. Auch gegen Amalia spricht viel. Die Rosenberg, die seit sechs Jahren in ihrem Dienst ist, wird sich im Frühling voller Freude als Stiftsherrin nach Horn zurückziehen. Wenn man dieses Chaos aus der Nähe sieht, kann man es sich nicht vorstellen. Heute will man Strenge, morgen nur Freiheiten und Sanftheit. Die Wünsche sind zu widersprüchlich, um sie langfristig zu erfüllen. Dafür müsste man dumm oder leidenswillig sein.«[2]

1 Brief an Fürstin Trautson, ohne Ortsangabe, undatiert [um 1756]; vgl. R. van Rhyn (Hg.), *Unveröffentlichte Briefe*, a. a. O., S. 276.
2 Gräfin Lerchenfeld an ihren Sohn Philipp, Wien, 21. Januar 1763; Amberg, *Schlossarchiv Köfering* 655.

Zwei Monate später fügte sie hinzu: »Wenn ich in ihren Dienst treten muss, dann ohne Anstellung und Titel«[1] – um der Kaiserin einen Gefallen zu tun.

Wie Elisabeth mangelte es jedoch auch Amalia nicht an Vorzügen. Bei den großen höfischen Galas hatte die Öffentlichkeit nur Augen für die beiden Schwestern, die sangen oder Ballett tanzten. Anlässlich der Festivitäten zu Josephs zweiter Heirat sangen die beiden mit ihren jüngeren Schwestern Josepha und Carolina kleine Opern. »Die Erzherzoginnen Elisabeth und Amalia stritten um den Preis für die schönste Stimme«, erzählte Fürstin Trautson. »So schön wie die beiden zudem sind, lässt sich sagen, dass es keinen Herrscher auf der Welt gibt, der seiner Familie vergleichbare Unterhaltung bieten kann. Alle ausländischen Gäste sind begeistert.«[2]

Es ist nicht bekannt, ob Maria Theresia die Begeisterung für ihre beiden Töchter teilte, doch man weiß, dass sie deren Verheiratung nur im Interesse des Landes in Erwägung zog. 1766 zog sie für Amalia den Infanten von Parma, Enkel Ludwigs XV. und Philipps V., um ihre Allianz mit den Bourbonen zu stärken. Graf Rosenberg, ihrem Vertreter in der Toskana, gab sie Anweisung: »Meinen drei ältesten Töchtern wird es an Verbindungen nicht fehlen, und so habe ich die Amalia für den Infanten von Parma vorgesehen, obgleich sie vier Jahre älter ist als er [...]. Aber Spanien wird den Unterhalt des Hofs von Parma weiterhin sicherstellen müssen. Ich kann meiner Tochter Amalia nur 30 000 Florin pro Jahr überlassen, würde mich aber weigern, wenn die Wahl auf eine mei-

---

1 Wien, 21. März 1763; ebd.
2 An Fürstin Bentinck, 27. Januar 1765; Arnheim, *Familie Bentinck* 635.
   Zwei Jahre später begeisterte sich Fürstin Trautson anlässlich der
   Karnevalsumzüge erneut für das Aussehen der beiden: »Sie sind schön wie Engel.«
   28. Januar 1767; ebd. 641.

ner drei ältesten Töchter fiele.«[1] Das bedeutet, Amalia, die älter als ihre Schwestern und schwieriger unter die Haube zu bringen ist, hätte Anrecht auf eine kleine Pension, aber auch ein kleines Herzogtum ohne großes Ansehen. Als jedoch ihre jüngere Schwester, die dem König von Neapel versprochen war, im Herbst 1767 starb, glaubten viele, sie würde nun an deren Stelle treten. Darunter waren auch Fürstin von Trautson[2] sowie J.J. Khevenhüller, der seinem Sohn Sigismund schrieb: »Die arme Frau Josepha wird bald vergessen werden. Jetzt wollen ihm alle die Amalia geben. Schöner ist sie sicherlich als die Schwester und dem Neapolitaner würde sie auch besser gefallen; demnächst glaube ich, dass keine schöner Prinzessin in Europa sei und der Unterschied der Jahre ist in diesen nicht so groß.«[3]

Die Hochzeit mit dem König beider Sizilien wäre für Amalia zweifellos prestigeträchtiger gewesen. Doch niemand rechnete mit dem charmanten Prinzen Karl August von Pfalz-Zweibrücken,[4] der am Vorabend des neuen Jahres 1768 in Wien eintraf. Bei seiner Ankunft glaubte der französische Botschafter, er werde um die Hand der Erzherzogin Elisabeth anhalten.[5] Er wurde vom Kaiserpaar herzlich empfangen und nahm an allen Karnevalsfeiern teil, bei denen auch Amalia anwesend war. Niemandem entging es, dass Amalia »selbstem um so mehr für diesen Prinzen inclinirt, als er in der That d'une fort jolie figure« war.[6] Laut Zeugenaussagen beruhte die Zuneigung auf Gegenseitigkeit. Doch daraus wurde nichts. Zum

---

1   An Graf Franz Xaver von Rosenberg, Wien, 10. März 1766; KLA *Familie Orsini-Rosenberg 77*, Fasz. 65/355 a-1.

2   An Fürstin Bentinck, 13. November [1767]; Arnheim, *Familie Bentinck* 653.

3   Wien, 16. November 1767, ÖStA HHStA *Sonderbestände Khevenhüller/Riegersburg* 165–3.

4   1746–1795, künftiger Herrscher der Pfalz.

5   Wien, 28. Dezember 1767; MAE *CP Autriche*, vol. 308, f. 431 v.

6   TKM 6, 29. Dezember 1767, S. 281.

einen weil ein künftiger Herrscher der Pfalz als einer Erzherzogin nicht würdig galt, und zum anderen weil Maria Theresia den französischen König nicht durch die Weigerung enttäuschen wollte, ihre Tochter mit seinem Enkel aus Parma zu verheiraten. Im September 1768 wurde Amalias geplante Hochzeit mit dem Infanten offiziell und sollte im Juni des folgenden Jahres gefeiert werden. Barth, ein Spion Ludwigs XV., schrieb an Choiseul: »Erzherzogin Amalia ist nicht erfreut, seit sie von ihrer Hochzeit mit dem Infanten von Parma erfahren hat. Diese Verbindung ist nicht nach ihrem Geschmack [sie hasst die Franzosen]. Die Heirat mit dem Prinzen von Zweibrücken hätte ihr gefallen, da sie ihm zugeneigt sein soll.«[1]

Als seine Mutter ihr die Entscheidung verkündete, so Graf von Canale, »hat die Erzherzogin nur geweint [...]. Sie grämte sich sehr, warf sich der Kaiserin zu Füßen [...]. Sie flehte sie an, ihr wenigstens ein Jahr Zeit zu geben, um sich damit abzufinden, den Herzog von Parma[2] zu heiraten [...]. Sie wagte es, beharrlich zu bleiben und protestierte noch immer, wollte sich dem Befehl ihrer Mutter nicht fügen und war überzeugt, bis zum Ende ihrer Tage unglücklich zu bleiben.«[3]

Amalia war wütend auf ihre Mutter und ihren Bruder Joseph, der sich gleichfalls gegen ihre Heirat mit dem Prinzen von Zweibrücken ausgesprochen hatte. Sicher hatte sie nicht vergessen, welche Rücksicht man auf Maria Christina genommen hatte, die einen mittellosen sächsischen Prinzen ohne Zukunftsaussichten hatte heiraten dürfen. Das Verhältnis zwischen Tochter und Mutter bleibt an-

1 Wien, 24. September 1768; MAE CP *Autriche supplément*, vol. 22, f. 226 r.
2 Brief an König Viktor Amadeus, 4. Januar 1769; Staatsarchiv Turin, *Dokumente zu außenpolitischen Beziehungen, Briefe der Minister/Österreich 89*. Graf von Canale (1704–1773), sardinischer Botschafter in Wien 1737–1773, stand in einem engen Verhältnis zur Kaiserin.
3 22. Februar 1768; ebd.

gespannt. Die Mutter notiert: »Ich fürchte die Begegnung meiner Tochter mit [Joseph] in Parma. Sie ist ganz kühl, nichts weniger als spröde, kaum gebildet und ein bisschen stur. Er predigt, aber das ändert nichts.«[1]

Amalia beugte sich zum letzten Mal den Befehlen der Kaiserin, doch je näher das Hochzeitsdatum rückte, umso häufiger bekam sie starke Kopfschmerzen, von denen die Fürstin Trautson umfassend berichtete.[2] Amalia verlor den Appetit und wirkte deprimiert. Vier Monate vor der Hochzeit machte Maria Theresia sich Sorgen: »Meine Tochter ist 22 Jahre alt. Ihre Jugend und Ausstrahlung sind verschwunden [...]. Wie alle Mädchen wollte sie heiraten, aber keineswegs den Infanten, gegen den man ihr starke Vorurteile eingeredet hat. Sie hält ihn für buckelig, geistlos, glaubt, ihre Zeit dort werde schrecklich und der Wohnsitz des Prinzen sei sehr klein [...]. Sie will gehorchen, aber wenn ihre Vorurteile zutreffen, gestehe ich Ihnen, dass ich großes Mitleid empfände, müsste ich sie opfern. Deshalb bitte ich Sie, mich baldmöglichst genau über die *Figur, den Gesundheitszustand, den Charakter* des Prinzen, *das Leben*, das man dort führt, und seine Einkünfte zu informieren, und Sie fügen bitte noch Ihre Meinung hinzu.«[3]

Rosenbergs Meinung war wohl positiv, denn die Hochzeit durch Stellvertreter fand am 27. Juni 1769 in Wien statt. Laut der Fürstin von Trautson war Amalia höchst wütend. Vor ihrer Abreise aus Wien erteilte ihr die Mutter Anweisungen, wie sie sich zu verhalten habe. Darin bezeichnet sie Amalia zwar als stets aufmerksam

---

1 An Rosenberg, 30. Dezember 1768; KLA *Familie Orsini-Rosenberg 77,* Fasz. 65/355 a-2.

2 An Gräfin Bentinck, März und Juni 1769; Arnheim, *Familie Bentinck 647,* 648 u. 651. Vgl. den Brief von J. J. Khevenhüller, ÖStA HHStA *Sonderbestände Khevenhüller/Riegersburg 163−3.*

3 An Rosenberg, 11. Februar 1769; KLA *Familie Orsini-Rosenberg 76,* Fasz. 64/353 a. Hervorhebung im Original.

und hilfsbereit, stellt ihr Verhalten ansonsten jedoch sehr kritisch dar. Sie wirft ihr vor, nicht zu wissen, wie man einen guten Umgang mit aller Welt pflege: »Es ist Ihnen gelungen, alle diesbezüglichen Mühen und alle Fürsorge zu umgehen [...]. Sie hätten in den letzten drei Jahren noch davon profitieren können, wenn Sie gewollt hätten [...]. Man hält Sie für hochnäsig und stur. Diesen Ruf haben Sie sich durch einige sehr unpassende Aussagen und Handlungen erworben. Ihre etwas steife und gar nicht fröhliche oder zärtliche Ausstrahlung trägt dazu bei [...]. Je weniger Sie sprechen, umso besser. [...] Ich weiß, wie Sie erzählen, und ich sage Ihnen in aller Freundschaft, dass es sehr langweilig ist. [...] Sie haben den Makel, auf Deutsch zu denken [...]. Keine Steifheit, keine Vertrautheit mit Ihren Hofdamen. Vermeiden Sie die autoritäre und überlegene Ausstrahlung, die andere abstößt [...].« Sie riet ihr, sich ihrem Mann demonstrativ zu unterwerfen und sich vor allem nicht in Staatsdinge einzumischen: »Sie sind nicht gebildet und auf dem Laufenden, um zu regieren.«[1] Sie fügte zahlreiche Anweisungen hinzu, die Amalia allesamt ignorierte.

Kaum war Amalia in Parma eingetroffen, tat sie das genaue Gegenteil. Ihr Verhalten war unerträglich. Ungeachtet des starken Vorbilds der Mutter, die sogar Abgesandte schickte, tat sie nur, wonach ihr der Kopf stand. Mehrmals sagte sie Knebel, Maria Theresias erstem Gesandten: »Meine Mutter hasst mich ...«,[2] doch sie sei zu allem bereit, »wenn ihre Liebe zu mir nur ein Viertel so groß wäre wie zu den anderen«.[3] Knebel, der den Konflikt zwischen den beiden Frauen befrieden wollte, schrieb der Kaiserin: »Ich garan-

---

1 Anweisungen Ihrer Majestät der Kaiserin und Königin an Erzherzogin Maria Amalia [Juni 1769]; BMT 3, S. 3–16.
2 Brief Philipp Knebels an Kaiserin Maria Theresia, Parma, 6. September 1769; ÖStA HHStA *HausA Handarchiv Kaiser Franz I.* 23–4, f. 5 r.
3 6. Oktober 1769; ebd., f. 162 v.

tiere, dass sie Ihre Majestät äußerst stark liebt, dass ihre Liebe eine gewaltige Leidenschaft ist [...], eine Art Furor [...]. Die Vergehen waren Folge einer Übertragung, genau wie die Liebesbekundungen [...]. Ich bin sicher, dass Ihre Majestät Ihre Tochter, die Erzherzogin, liebt [...]. Doch vielleicht zu sehr [...].«[1]

Wir können nichts Definitives über die wechselseitigen Gefühle von Mutter und Tochter aussagen, wissen aber um die fast töchterliche Bindung Amalias an ihre ältere Schwester Maria Anna, die stets in einem sehr engen Verhältnis zu der Jüngeren stand. Vielleicht war sie eine Art Mutterersatz, »die einzige Person auf der Welt, die sie überreden konnte [sich zu ändern].«[2]

Leopold, der Ungeliebte

Wie alle männlichen Nachkommen des Herrscherpaars wurde auch Leopold bei seiner Geburt freudig begrüßt. Doch niemand konnte sich vorstellen, dass er eines Tages das Habsburgerreich regieren würde. Zunächst war deshalb 1753 die Prinzessin von Modena als Gattin vorgesehen, die als seines Bruders Karl nicht würdig galt. Man konnte sich nicht vorstellen, dass er eines Tages den Thron besteigen würde, da er zwei ältere Brüder hatte. Leopold war der letzte der »großen« Brüder, die von Maria Theresia erzogen wurden und die einander gut kannten. Die letzten sechs Kinder, die auf Leopold folgten, bildeten die Gruppe der Jüngeren, die zwischen zwei Kriegen geboren waren und um die sich die Kaiserin weniger zu kümmern schien.

1 9. Januar 1770; ebd., f. 68 v.
2 Brief Rosenbergs an Maria Theresia, ebd. 23–13, f. 138 r.

Über Leopold, der gemeinsam mit Erzherzog Karl erzogen wurde, gibt es kaum Kommentare seitens seiner Mutter. Sein Ayo Batthyány äußerte sich nicht gerade lobend über Leopold: Er sei wenig freundlich, faul und unhöflich.[1] Die seltenen positiven Aussagen über ihn stammen aus der Feder J.J.Khevenhüllers, der im selben Jahr einer Prüfung der Brüder in Geografie beiwohnte, »worbei sich der Erzherzog Leopold für sein Alter ungemein distinguiret hat.«[2]

Karls Tod 1761 machte Leopold zum möglichen Nachfolger Josephs. Erst von diesem Zeitpunkt an wissen wir etwas über die Haltung der Kaiserin zu Leopold. Sie erkannte bei ihm ein »von Natur gutes, großzügiges und mitfühlendes Herz«, zudem dürste er »nach Wissen und der Vertiefung noch der abstraktesten Themen«.[3] Die restliche Beschreibung ist jedoch negativ und scheint den zuvor zugestandenen Eigenschaften zu widersprechen: Leopold könne weder Brüdern, Schwestern noch Eltern seine Gefühle zeigen. Sie verlangte Letzteren gegenüber »mehr Ehrlichkeit und Öffnung des Herzens«, vor allem solle er »nie Listen oder Umwege einsetzen, um etwas von uns zu bekommen«. Sie nannte ihn »weich und faul«, er halte sich schlecht, sei ungeschickt, barsch und unhöflich. Er grüße nie und spreche mit niemandem, bevorzuge die Gesellschaft kleiner Leute, Plattitüden und Frivolitäten. Die Kaiserin bezeichnete ihn zudem als »sehr anfällig für Vorurteile und nur schwer von ihnen abzubringen, weil er von sich selbst zu sehr überzeugt ist und nicht gerne um Rat fragt und sich an diesen hält«. Man müsse ihm den Umgang mit Waffen schmackhaft machen: »Der einzige Weg, über den ein Prinz seines Ranges der Monar-

---

1 Anweisungen für den Vize-Ayo Graf Philipp Künigl, Wien, 5.April 1752; KLA Privatarchiv Familie Goëss C 190.

2 27.März 1752; TKM 3, S.20, u. 17.März 1755; ebd., S.230.

3 Anweisungen für den Vize-Erzieher Graf Franz Thurn [1761]; BMT 4, S.17–21.

chie nützlich sein, in der Welt brillieren und *besonders von mir geliebt werden* kann.«[1]

Ein Jahr später schilderte Graf Thurn detailliert die Fortschritte des Prinzen[2] »binnen neun Monaten«[3] – ohne jedoch, so scheint es, Mutter und Sohn näher zusammengebracht zu haben. Selbst nach Leopolds Hochzeit und Umzug in die Toskana als Großherzog hörte Maria Theresia nicht auf, sich über ihn zu beklagen. Zunächst gegenüber Anton Thurn,[4] dann gegenüber Rosenberg, der auf Botta folgte, da Leopold mit 19 Jahren noch zu jung zum Regieren war. Sie warf ihm alles Mögliche vor, darunter, er tue nur, was er für richtig halte, öffne ihr sein Herz nicht und schenke ihr nicht genügend Vertrauen und Zuneigung. Sie fürchtete sich vor den Schmeichlern, die ihn zu einem Despoten oder einem nicht ernst zu nehmenden Lüstling machen könnten: »Ich kenne meinen Sohn, er ist gewalttätig [...]. Er ist sehr dünkelhaft [...]. Durch diesen versteckten Stolz schätzt er den Rat von Fachleuten, ihm Gleichgestellten oder Übergeordneten nicht.«[5] Leopold distanzierte sich von seiner Mutter und vergaß fünf aufeinanderfolgende Tage lang, ihr zu schreiben. Maria Theresia übersetzte das so: »Ich kenne diese schlechte Angewohnheit von ihm; er hatte mir noch nie etwas zu sagen und vergaß absichtlich selbst das, was man ihm riet, mir zu sagen. Ich rede mir ein, der Grund sei, dass er sich nicht gern erkläre, aber gegenüber anderen verhält er sich nicht so. Nur mir gegenüber [...].«[6] Die Kaiserin, die es gewöhnt war, die Leben ihrer Kinder aus der Ferne zu steuern, zeigte sich deshalb äußerst

---

1 Ebd., S. 21. Hervorhebung von der Autorin.
2 15. Mai 1762; ebd., S. 22–27.
3 Ebd., S. 21.
4 Bruder des früh verstorbenen Franz Thurn (1718–1766).
5 An Anton Thurn, 10. März 1766; ebd. S. 35.
6 2. Juni 1766; ebd., S. 45.

unzufrieden und schloss, Leopold habe wohl doch keinen so guten Charakter, sondern etwas »Unhöfliches und Hartes«.

In ihrer umfangreichen Korrespondenz mit Rosenberg, der in Florenz postiert war, regnete es weiterhin strenge Kommentare über Leopold, obwohl Rosenberg sich sehr bemühte und den Prinzen lobte. Sie bezeichnete ihn als hitzig und unfähig, Kritik zu ertragen, während Rosenberg ihn sanft und liebenswürdig fand: Gewiss, Leopold sei Hypochonder – worüber die Kaiserin sich lustig machte –, doch er sei beliebt, fleißig und ordentlich. Er sei solide, habe eine schöne Seele und sei eifrig, so Rosenberg, während die Kaiserin ihn beharrlich als aufbrausend und hinterlistig bezeichnete. Als Leopold mit seiner Frau nach Wien kommen wollte, antwortete sie ihm: »Was nutzt es, sich einige Wochen zu sehen, nur um sich dann wieder zu trennen?«[1]

Das Verhältnis von Mutter und Sohn blieb bis zum Schluss schwierig. Die Kaiserin ertrug keinerlei Widerspruch seitens ihrer Kinder, und Leopold war entschlossen, seine Freiheit zu bewahren. Dennoch erkannte sie mehrfach an, er habe »viel Gutes und Solides«.[2] Einige Jahre später erklärte sie sogar, der Sohn sei vielversprechend und das Vernünftigste all ihrer Kinder gewesen.[3]

1 Brief an Rosenberg, 2. November 1767; KLA *Familie Orsini-Rosenberg 77*, Fasz. 65/355 a-2. Vgl. auch die Briefe an Rosenberg vom 13. November 1766 (ebd., 355 a-1), 30. November 1766 (ebd., 355 a-2) sowie die Briefe Rosenbergs an Maria Theresia, 1. u. 11. November 1766 (ebd. 78, Fasz. 65/362) und 25. November 1766 (ebd., Fasz. 65/3).

2 An Rosenberg, 7. Juli [1768]; ebd. 77, Fasz. 65/355 a-2.

3 An Gräfin von Herzelles, 2. Oktober 1772], vgl. K. de Lettenhove (Hg.), *Lettres inédites*, a. a. O., S. 40.

Johanna wurde zwei Jahre nach der zweiten Karolina geboren, die
bei der Geburt verstarb. Sie war die Erste in einer weiteren Reihe
unerwünschter Kinder. Maria Theresia hatte nach dem zehnten
Kind gesagt, sie wolle keine weiteren mehr. Johanna wurde seit ihrem sechsten Lebensjahr gemeinsam mit der ein Jahr jüngeren Josepha von Gräfin Lerchenfeld erzogen. In den Anweisungen für
diese beschrieb Maria Theresia sie als stur, aber mit »ausreichend
Qualitäten« gesegnet, ohne diese genauer zu beschreiben.[1]

Wie ihre Schwester schien auch Johanna ihre gesamte Zuneigung der Erzieherin geschenkt zu haben, die wie eine zweite
Mutter gewesen sein muss. Zwischen dem achten und zwölften
Lebensjahr schrieb sie Gräfin Lerchenfeld Briefe, die davon zeugen. Einmal bat sie um Entschuldigung: »Ich spüre den tiefsten
Schmerz, weil Sie sich noch über mich empören«.[2] Ein anderes Mal
gratuliert sie ihr zum Geburtstag: »Ich werde eifrigst zum Herrn
beten, dass er Sie mir und allen Menschen, die Sie lieben und schät-
zen wie ich, noch lange zum Trost erhält«.[3] Johanna empfand also
tiefe Zuneigung zu ihrer Aya. Auch die Briefe, die sie [Anfang August 1762] alle drei Tage an die nach Prag verreiste Gräfin schrieb,
zeugen davon: »Ihre Abwesenheit scheint mir bereits ein Jahrhundert lang«, klagt sie immer wieder.

In jenem August 1762 begleitete Johanna erstmals ihre Eltern
nach Holitsch. Maria Theresia versäumte nicht, Gräfin Lerchenfeld davon zu berichten: »Ich muss Ihnen große Komplimente hinsichtlich des Betragens meiner Tochter machen. Sie bekam Lob

1 [November 1756]; BMT 4, S. 103.
2 Brief an Gräfin von Lerchenfeld; Amberg, *Archiv Schloss Köfering* 295, ohne
  Ortsangabe 295, undatiert.
3 [13. September 1760?]; ebd.

von allen Seiten und hat sich in allem sehr gut verhalten. Der Kaiser ist ganz bezaubert. Sie war hier meine einzige Befriedigung.«[1] Später konnte sie sich jedoch einen Zusatz nicht verkneifen: »Da ich etwas tiefer blicke als die anderen, habe ich Beobachtungen gemacht, die ich Ihnen mündlich mitteilen werde, weil ich die Freude nicht verderben will, die Sie bestimmt darüber empfinden, dass das Mädchen sich bei seiner ersten Reise so gut betragen und Ihnen Ehre gemacht hat.«[2]

Während der Abwesenheit der Gräfin Lerchenfeld schrieb Johanna: »Ihre Majestät die Kaiserin hat mir gestern als Aya gedient, da sie hier war, als ich erwachte. Sie hat meinen Wuchs untersucht und meinen Zustand durch Ihre Fürsorge für gut befunden, doch durch meine Nachlässigkeit neige ich mich etwas zur Linken, was ich beheben will, indem ich jedes Mal darauf achte, wenn man mich erneut darauf hinweist.«[3]

Diese letzte Aussage ist nicht unbedeutend, denn in jenem Sommer 1762 wusste Johanna, dass sie dem ein Jahr jüngeren Ferdinand IV.,[4] König von Neapel, versprochen war. Darauf wollte sie sich so gut wie möglich vorbereiten. Fürstin von Trautson zufolge nannte das enge Umfeld Johannas diese bereits »Ihre königliche Hoheit«. Anfang Dezember 1762 erkrankte sie jedoch sehr schwer an den Pocken. Einige Tage vor ihrem Tod notierte Fürstin Trautson: »Die Erzherzogin schwebt noch immer zwischen Leben und Tod. Es ist erstaunlich, dass dieser kleine Körper die Gewalt einer solchen Krankheit ertragen kann, und das Schlimmste ist der Hoffnungsschimmer, den man aufrechterhält und der mir eher

---

1 Vgl. BMT 4, S. 113. Vgl. auch Johannas Brief an Gräfin v. Lerchenfeld vom 5. August 1762; Amberg, *Archiv Schloss Köfering* 295.
2 [August 1762]; BMT 4; S. 113.
3 An Gräfin von Lerchenfeld, 7. August 1762; Amberg, *Archiv Schloss Köfering* 295.
4 1751–1825.

wie eine winzige Flamme erscheint, die jeden Moment verlöschen wird.«[1]

Am 23. Dezember: »Die Erzherzogin ist nach schwerem Todeskampf verschieden. Sie können sich das Leid der liebenden Eltern und der ganzen Familie vorstellen, die sie besonders liebten.«[2]

Dennoch bemerkten einige, dass die Kaiserin – kaum zwei Jahre nach Karls Tod – weniger Trauer zeigte. So auch die Gräfin von Burghausen, die ihre Beobachtung auf zwei verschiedene Arten zu erklären versuchte. Zunächst wusste sie noch nichts von Johannas Tod: »Ich male mir in lebendigen Farben aus, was im Herzen Ihrer Majestät geschieht. Sie mag noch so viel vertuschen und überwinden, die Natur beharrt auf ihrem Recht, und das Leid ist manchmal größer, wenn man es zu verbergen sucht.«[3] Zwei Tage später wusste sie von der Neuigkeit und versuchte eine genauere Erklärung, die einer Rechtfertigung gleicht: »Diese äußere Ruhe ist wie der Dämmerzustand eines Kranken. Man glaubt ihn schlafend, aber sein Zustand gleicht eher einer Vernichtung als einem Schlummer. Genauso geht es der Seele. Was man für Härte oder Unempfindlichkeit hält, ist oft Erschöpfung.« Sie fügt hinzu: »Angesichts der häufigen Wiederholung solcher Erschütterungen weiß ich nicht, ob man nicht so schwach wird, dass die Härte eher Unempfindlichkeit ist, eher Makel als Tugend.«[4]

Und wieder war Maria Theresias Herz unergründlich.

---

1 An Gräfin von Bentinck, [19. Dezember 1762]; Arnheim, *Familie Bentinck* 647.
2 Ebd., vgl. auch den Bericht des französischen Botschafters, 11. Dezember 1762; MAE *CP Autriche*, vol. 292, f. 241 r u. 242 r.
3 Brief an Tarouca, Bude, 25. Dezember 1762, Brno, *Familienarchiv Tarouca*, G. 445, 14, n° 86 23-B-3, f. 442 v. Hervorhebung von der Autorin.
4 Bude, 27. Dezember 1762; ebd., f. 424 r-v.

Josepha, die Geopferte

Gewiss ist hingegen der Schmerz, den Josepha beim Tod ihrer geliebten älteren Schwester empfunden haben musste. Die Briefe, die
sie ihr im Sommer 1762 schrieb, zeigen, wie eng sie ihr verbunden
war. Johanna war ihre Spielgefährtin[1] und Freundin, ihr Vorbild.
Ihre Briefe sind voller Zärtlichkeit, beispielsweise: »Ich wünsche,
zu Eurer Zufriedenheit beitragen zu können [...]. Niemand kann
Euch so zärtlich lieben [...].«[2] »Es gibt seit Eurer Abreise keinen
Augenblick, in dem ich nicht an Euch denke [...].«[3] »Ihr verdient
so vieles und man kann Euch nicht genug davon geben«.[4] Diesen
Brief schließt sie mit den Worten: »Ein Herz, das Euch zärtlich liebt
und immer meiner sehr geliebten Schwester gehört, der treuesten
Schwester.«

Josepha war der gemeinsamen Aya genauso zugeneigt wie Johanna. Davon zeugt ihr Briefwechsel mit Gräfin Lerchenfeld[5] und
vor allem eine Josepha betreffende, unglückliche Entscheidung
Maria Theresias. Zwei Wochen nach Johannas Tod informierte die
Kaiserin Gräfin von Lerchenfeld, sie sei von nun an nicht mehr für
Josepha verantwortlich und dürfe sich stattdessen entscheiden, Elisabeths oder Amalias Erzieherin zu werden. Den Rest der Geschichte berichtete Gräfin von Lerchenfeld ihrem Sohn. Grund für
den Wechsel seien Eifersüchteleien und Intrigen unter den im
Dienst der Erzherzoginnen stehenden Damen gewesen,[6] die mit der
Verteilung des Geldes durch die Aya nicht einverstanden waren.

1 [1760?]; Amberg, *Archiv Schloss Köfering* 294.
2 Schönbrunn, 24. Juli 1762; ebd.
3 Schönbrunn, 17. August 1762; ebd.
4 Schönbrunn, 19. August 1762; ebd.
5 13 Briefe Josephas an Gräfin Lerchenfeld; ebd.
6 An ihren Sohn Philipp, 21. März 1763; ebd. 655.

Diese beschwerte sich über die Ungerechtigkeit, konnte aber die Meinung der Kaiserin nicht ändern. »Gestern hat [sie] Josepha der Wildenstein übergeben. Letztere kennt Ihr, und das sagt alles.«[1]

Vier Monate später forderte Josepha eine einstündige Audienz bei der Kaiserin ein »und erklärte ihr, sie könne ohne mich nicht leben, sei mit den anderen verloren, wüsste nicht, was aus ihr werden solle und sprach mit solcher Bestimmtheit, dass die Kaiserin mir sagte, ein erwachsener Mensch hätte sich nicht zugeneigter ausdrücken und besser überzeugen können, als sie es getan hat [...]. Die Kaiserin erzählte all das dem Kaiser, der sofort sagte: ›Sie muss sie, so schnell sie kann, an die Gräfin Lerchenfeld zurückgeben ...‹ So wird die Kaiserin mir Anfang nächsten Monats die Erzherzogin wiedergeben.«[2]

Nach Johannas Beerdigung wurde Josepha schnell zur nächsten Königin von Neapel bestimmt. Im Oktober 1763 erteilte Maria Theresia Gräfin Lerchenfeld Anweisung, wie diese Josepha darauf vorbereiten sollte, eine perfekte Königin von Neapel zu sein – Gattin des schlecht erzogenen Sohns des Königs von Spanien. »Sie wird einen jungen Mann haben, der nichts über sich kennt, seit frühester Kindheit nie gebremst wurde, sich bislang mit nichts beschäftigt hat, nur von Schmeichlern umgeben ist und von Italienern, was noch gefährlicher ist.«[3]

Diesmal sprach nicht die Mutter, sondern die Herrscherin, die nur an die Stärkung ihrer Verbindung mit den Bourbonen dachte, und sei es auf Kosten des Glücks ihrer Tochter und ihrer mütterlichen Gefühle: »Ich weiß sehr wohl um die Vorzüge dieser Verbindung, aber mein Mutterherz ist äußerst alarmiert. *Ich betrachte die arme Josepha als Opfer der Politik.* Wenn sie ihre Pflicht gegenüber

1 30. April 1763; ebd.
2 29. August 1763; ebd.
3 An Gräfin von Lerchenfeld, Schönbrunn, 13. Oktober 1763; BMT 4, S. 116.

Gott und ihrem Gatten erfüllt und ihr Heil macht, werde ich – auch wenn sie selbst unglücklich sein mag – zufrieden sein.«[1]

Um die künftige Ehefrau zu formen, zog Maria Theresia eine Bilanz der zu korrigierenden Makel.

»Versucht vor allem, die Unterwürfigkeit zu fördern, die sie zuvor wenigstens nach außen hin hatte [...]. Sie soll sanft und anmutig sein. Ihr Gesicht wirkt nicht ansprechend; ihre Art auch [nicht]; sie hat etwas Grobes; in jenem Land wünscht man sich Sanftheit [...]. Sie darf nicht trotzig sein, sondern muss nachgeben. Sie ist sehr scheu; das hat etwas Gutes, vor allem in jenem Land, aber man darf die Zurückhaltung nicht zu weit treiben [...], damit sie nicht in Falschheit abgleitet [...]. Man muss ihr Sanftmut und ein frohes Gemüt predigen [...]. Sie ist sehr neugierig; das ist ein weiterer Punkt, der mir Angst macht. Zu ihrem Personal ist sie recht böse [...].«[2]

Gräfin Lerchenfeld muss gute Arbeit geleistet haben, denn vier Jahre später, 1767, im Jahr von Josephas Hochzeit, zeigte sich die Kaiserin »recht zufrieden, doch ich wage nicht, sie anzusehen, ohne dass mir das Herz zerreißt. Dieser junge König, nicht erzogen [...], ohne Hilfe und Rat, das alles macht Angst.«[3] Nach der Hochzeit *per procurationem* am 8. September, nach den Festen und Bällen musste an die für Oktober geplante Abreise gedacht werden. Am Vortag der Ankunft des neapolitanischen Botschafters, der die Braut in ihr neues Land eskortieren sollte, brachte Fürstin Trautson das allgemeine Empfinden zum Ausdruck: »Ich bezweifle nicht,

1 Ebd., Hervorhebung von der Autorin.

2 Ebd., S. 117 f.

3 An Rosenberg, 12. Februar [1767]; KLA *Familie Orsini-Rosenberg 77*, Fasz. 65/355 a-2. Das Gleiche sagte die Kaiserin ihrer alten Freundin Madame de Ligneville, die nach Neapel verheiratet worden war: »Je näher der Moment [der Abreise] rückt, umso beunruhigter bin ich [...]. Ich bete zu Gott, dass sie wenigstens zu Ihnen kommen und Sie um Rat fragen kann.« 28. April [1767]; ebd. 75, Fasz. 64/351 b.

dass die kleine Braut ihm furchtsam gegenübertreten wird, denn seine Art ist sehr fragwürdig.«[1]

Am 4. Oktober desselben Jahres erkrankte Josepha an den Pocken und starb elf Tage später. Der französische Botschafter, Marquis de Durfort, berichtete vom Schmerz Maria Theresias und des Kaisers Joseph, erwähnte aber nur Letzteren: »Dieser Prinz liebte seine Schwester zärtlich. Während ihrer Krankheit wich er nicht von ihrer Seite und ließ ihr jede vorstellbare Pflege zukommen. Er ist abgemagert und wirkt etwas niedergeschlagen. Die Kaiserin hat ein Porträt von Josepha in ihrem Arbeitszimmer aufgehängt. Die Prinzessin erkrankte am Tag des Hl. Franziskus. Die Kaiserin hatte sie am Vortag – gegen Josephas Willen, wie es heißt – in die Gruft mitgenommen, in welcher der Kaiser und seine Schwägerin liegen, die vier Monate zuvor auch an den Pocken starb. Mutter und Tochter sollen dort zwei Stunden betend verbracht haben. Die Öffentlichkeit betrachtet diese fromme Tat als möglichen Grund für das Unglück [...]. Dies wurde auch der Kaiserin zugetragen.«[2]

Viele Kommentare zum Tod Josephas beschäftigen sich mit der Trauer ihres Bruders Joseph. Khevenhüller schilderte zwar, dass Maria Theresia bei der letzten Ölung ihrer Tochter geweint habe und ständig an ihrem Bett gewesen sei,[3] doch ihr Schmerz schien

---

1 An Gräfin von Bentinck; 29. September 1767; Arnheim, *Familie Bentinck* 641.

2 Wien, 17. Oktober 1767; MAE *CP Autriche*, vol. 308, f. 227 v-228 v.

3 6., 10., 14., 15. Oktober 1767; TKM 6, S. 270–274. Khevenhüller erwähnte mögliche »toxische Ausdünstungen« des Leichnams von Kaiserin Josepha, die die Königin von Neapel hätten vergiften können. Zudem berichtete er von einer seltsamen Geschichte: »Worbei auch dieser Umstand noch besonders ist, dass die Erzherzogin, wie sie es ein und anderen noch den eigenen Tag erzehlet, vor der Sarg ihrer verstorbenen Frau Schwester Joanna, mit welcher sie erzogen worden, niedergekniet und aus allzarten Vertrauen sie geben, dass (wann sie, wie sie nicht zweifelte, für den Angesicht Gottes sich befindete) für die betten mögen, dass, im Fahl ihre bevorstehende Vermählung nicht zu ihrer Seelen Heil gereichen sollte,

nicht so groß gewesen zu sein wie beim Tod ihres Sohns Karl oder ihrer ersten Schwiegertochter Isabella. Als sie sich den Tod Josephas vorstellte, schrieb die Kaiserin: »Es wäre ein wahrer Verlust, denn sie ist ein charmantes Mädchen voller Charakterfestigkeit.«[1] Und nach ihrem Tod: »[Sie] hat mir nie irgendein Missfallen, aber viel Zufriedenheit bereitet«.[2] Am Todestag selbst äußerte sie sich eher als Kaiserin denn als Mutter: »Es geht jetzt darum, dem König von Neapel eine neue Braut zu geben. Bei allem Unglück, das mich verfolgt, finde ich doch etwas Trost darin, meine Tochter Charlotte den ihrer Schwester bestimmten Platz einnehmen zu sehen [...]. Ich übermittle Euch diese Idee, um sie Grimaldi zu insinuieren.«[3]

Für Joseph II. war seine zehn Jahre jüngere Schwester Josepha unersetzlich. Im Juni hatte er die Zustimmung seiner Mutter eingeholt, um sie bis nach Neapel zu eskortieren.[4] Sie war seine Lieblingsschwester und vielleicht die einzige, die er in diesem Maß liebte. Beispielhaft dafür ist seine Bitte an Kaunitz, einen Vorwand zu finden, um in Zukunft nicht weitere Schwestern begleiten zu müssen: »In Wahrheit ist meine Verbindung zu [ihnen] nicht so eng, wie sie zu der Verstorbenen war.«[5] Dieses Eingeständnis war jedoch kein Geheimnis, wie die Depeschen der Botschafter, die Briefe Khevenhüllers an seinen Sohn oder die von Fürstin Trautson

der liebe Gott auch *in dem Moment ihrer* Abraiß noch alles interstellig machen mögte.« (S. 274) Hervorhebung von der Autorin.

1 An Rosenberg, 6. Oktober 1767; KLA *Familie Orsini-Rosenberg* 77, Fasz. 65/355 a-2.
2 An Anton Thurn, 3. November 1767; BMT 4, S. 50.
3 An Rosenberg, 15. Oktober 1767; KLA *Familie Orsini-Rosenberg* 77, Fasz. 65/355 a-3. Grimaldi war Premierminister des spanischen Königs Karl III. »Charlotte« bezeichnet die dritte Karolina.
4 Von Ulfeld an Rosenberg, 18. Juni 1767; ebd. 86, Fasz. 71/379–1.
5 Adolf Beer (Hg.), *Joseph II., Leopold II. und Kaunitz. Ihr Briefwechsel*, Wien, 1873, S. 448 f.

zeigen. Überraschender ist vielleicht die folgende Überlegung Eleonore von Liechtensteins, die Joseph II. gut kannte: »Seine Zuneigung zur Erzherzogin Josepha war, ohne dass er es bemerkt hätte, mehr als ein bloßes Gefallen, und ihr Tod hat ihn von allen anderen Frauen nur noch weiter entfernt.«[1]

Das letzte Quartett

Die Geburt des 13. Kindes (der dritten Karolina) war so schmerzhaft, dass »die Öffentlichkeit einstimmig wünschte, diese Prinzessin in Zukunft nicht mehr so gefährdet zu sehen«.[2] Doch Gott entschied anders und drei weitere Geburten folgten.

Die letzten vier Kinder der Kaiserin bildeten eine eigene Gruppe. Karolina wurde zwar gemeinsam mit Antonia erzogen und Ferdinand mit Maximilian, aber zwischen den vieren existierte doch eine Art Komplizenschaft, die weit über die Kindheit hinaus andauerte.[3] Jenseits der ihnen von den Gazetten zugeschriebenen Krankheiten, Tagebücher und diplomatischen Depeschen gibt es jedoch wenige erhaltene Zeugnisse über ihre Persönlichkeiten als Kinder oder über die sie betreffende Heiratspolitik. Noch seltener sind Zeug-

1 Brief an ihre Schwester, Leopoldine Kaunitz, Wien, 29. Februar 1768; Židenice, *Lobkowitz-Archiv*, P 16/21.
2 Flemming an Brühl, Wien, 16. August 1752; Dresden, 10026, *Geheimes Kabinett*, Loc. 741/1, f. 39 r. Weiter schrieb er: »Ihre Majestät die Kaiserin hat bei ihrer letzten Niederkunft mehr gelitten als bei jeder vorausgehenden; die Geburtsschmerzen waren heftig und währten von sechs Uhr [morgens] bis neundreiviertel Uhr abends. Die letzten Schmerzen waren sehr stark und langanhaltend.«
3 Viele Zeitzeugen berichteten, dass die beiden Erzherzoginnen mit den zwei Erzherzögen in engster Verbindung blieben, obgleich sie als Erwachsene in verschiedenen Ländern lebten.

nisse von Maria Theresia selbst bezüglich der beiden Erzherzöge vor 1764 und der beiden Erzherzoginnen vor 1767.

Es verwundert, dass das älteste Kind der Gruppe, die im August 1752 geborene dritte Karolina, nur zwei Jahre älter als Johanna und ein Jahr älter als Josepha, nicht gemeinsam mit diesen erzogen wurde – während die drei ältesten Brüder zusammen aufwuchsen. Stattdessen erzog man sie gemeinsam mit Antonia, der jüngsten Erzherzogin, die drei Jahre später, im November 1755, geboren wurde. Letztlich war der Altersunterschied jedoch nicht von Belang. Karolina und Antonia liebten sich innig, genau wie Ferdinand (geboren im Juni 1754) und Maximilian (Dezember 1756). Als die drei Älteren dieses Quartetts verheiratet waren und Wien verlassen hatten, pflegte ihre Mutter umfangreiche Korrespondenz mit ihnen und zeigte darin auch ihre Gefühle für das jeweilige Kind.

Karolina und Antonia

Ab 1762 wurden die beiden Kinder Gräfin Brandis anvertraut, die ihnen laut Maria Theresia Schreiben, Musik und Malerei beibrachte. Hinsichtlich des Schreibens musste Maria Theresia sich später korrigieren, weil sie erst später merkte, dass die Schreibversuche ihrer Töchter in Wahrheit das Werk der Gräfin waren! Diese hatte nie versucht, die Mädchen zur Aufmerksamkeit zu erziehen, während die beiden sich nur amüsieren und miteinander tuscheln wollten. Ungeachtet des laxen Umgangs mit geistigen Anforderungen verstand Karolina sich nicht gut mit ihrer Aya. Während der Vorbereitungen auf Josephas Hochzeit und Abreise bat sie ihre Mutter, Gräfin Lerchenfeld zugewiesen zu werden, die mit Josepha so guten Erfolg gehabt hatte. Maria Theresia stimmte – scheinbar widerwillig – zu.[1] Sie nutzte die Gelegenheit, ein wenig schmeichelhaftes Bild ihrer Tochter zu zeichnen und stellte eine Liste von Verhaltensänderungen auf, die sie von ihr erwartete. Sie sollte ihre Gebete mit mehr Ernsthaftigkeit ausführen; nicht mehr unhöflich sein oder scherzen, wenn sie ermahnt wurde; zudem habe sie eine »sehr unangenehme« Stimme.[2] Sie müsse ihre Übungen in Musik, Malerei, Geschichte, Geografie und Latein mit Genauigkeit ausführen. »Seid nie müßig; Müßiggang ist für jeden gefährlich und mehr noch für Euch, die ihr Euren Kopf nutzen müsst, um Kindereien, unpassende Bemerkungen und den Wunsch nach unvernünftigem Zeitvertreib zu verhindern.«[3]

Es folgt eine Sanktion: »Da ich Euch als Erwachsene behandeln will [Karolina war damals 15 Jahre alt], werdet Ihr gänzlich von Eurer Schwester [Antonia, zwölf Jahre] getrennt. Ich verbiete Euch jeden heimlichen Kontakt oder Austausch mit ihr […]. Eure Geheimnisse bestehen ohnehin nur in Bemerkungen gegen Euer Umfeld, Eure Familie oder Eure Hofdamen. Ich warne Euch: Ihr werdet genau beobachtet.«[4] Dem Verbot, sich mit Antonia zu amüsieren, folgte die Aufforderung, sich an die sechs Jahre ältere Amalia zu halten, weil Josepha nach Neapel gehen würde. Die letzte Warnung lautete: »Ihr werdet nicht mehr wie ein Kind behandelt, aber hütet Euch, durch Eure Taten mehr als die drei Älteren als ein solches zu erscheinen.«[5]

Der Tod Josephas zwei Monate später änderte die Pläne der Kaiserin. Für die Brautnachfolge kamen zwei Kandidatinnen infrage:

1 Brief an Karolina, 9. August 1767; BMT 3, S. 30.
2 Ebd.
3 Ebd.
4 Ebd., S. 31.
5 Ebd.

Amalia, nach einhelliger Meinung die hübschere der beiden,[1] aber fünf Jahre älter als der König von Neapel, und Karolina, ein Jahr jünger als er. Mit Zustimmung Maria Theresias wählte der König von Spanien für seinen Sohn Ferdinand Karolina aus. Die Hochzeit war für April 1768 vorgesehen, sodass Gräfin Lerchenfeld nur sechs Monate blieben, um das junge Mädchen auf seine künftige Rolle als Königin vorzubereiten. Sie schien ihr Bestes gegeben zu haben, da jeder eine positive Veränderung in Karolinas Verhalten bemerkte. Man fand sie »ernsthafter und zurückhaltender«,[2] ihr »Geist und Auftreten sind passend«.[3] Schließlich »erobert[e] sie während ihrer Reise alle Herzen«.[4] Die sechs gemeinsamen Monate führten zu einer engen Bindung an Gräfin Lerchenfeld, wovon die herzliche und vertraute Korrespondenz zeugt, die sie mit ihrer ehemaligen Erzieherin bis zu deren Tod im Januar 1770 pflegte. Auch Maria Theresias Verhältnis zu ihr wurde viel enger. Sie machte sich über das junge Alter ihrer Tochter Sorgen und vertraute Rosenberg an: »[Karolina] weint nur. Es kostet sie so viel mehr, uns zu verlassen, als die andere [Josepha]. Überlegen Sie nur, wie viel es sie kostet. Ich hätte gewünscht, dass man ihr eine Hofdame zur Seite stellt, denn sie ist ganz neu, ein unvorsichtiges Kind.«[5] Doch der spanische König lehnte ab.

1   20. November 1767; MAE *CP Autriche*, vol. 308, f. 348 v u. 9. Dezember 1767; f. 385 r. Vgl. auch Fürstin Trautson an Gräfin Bentinck, 29. Dezember 1767; Arnheim, *Familie Bentinck* 630, u. 13. November [1767]; 653.

2   Fürstin Trautson an Gräfin Bentinck, 29. Dezember 1767; ebd. 630.

3   21. Januar 1768; ebd.

4   30. April 1768; ebd. »Man sagt Wunderbares über die kleine Königin, die sich wunderbar verhält. Ich habe das Vergnügen, mich nicht getäuscht zu haben, da ich immer gesagt und geschrieben habe, dass sie mehr Stärke und Kraft in sich trage als die anderen und alles tun würde, was zu unternehmen ihr auferlegt wird.« [25. April 1769]; ebd. 651.

5   24. Januar 1768; KLA *Familie Orsini-Rosenberg* 77, Fasz. 65/355 a-2.

Antonia, die auch bei ihrem Spitznamen Tonerl gerufen wurde, machte schon im Kindesalter von sich reden. Ende Dezember 1757 hieß es einige Tage, nachdem Josepha an den Masern erkrankt war, auch die zweijährige Antonia habe sich angesteckt.[1] Josepha wurde schnell wieder gesund, nicht aber Antonia. Zwei oder drei Wochen später ging es ihr »gar nicht wohl [...], also daß mann um dise schöne und hertzige Frau nicht wenig besorget wäre«.[2] Trotz der aufmerksamen Pflege durch Madame Brandis, die damals über sie wachte, erholte sich das Kind nur schwer und blieb bei schwacher Gesundheit. Fürstin Trautson identifizierte dies als Grund für die nur oberflächliche Bildung: »[Weil] sie in der Kindheit krank und sehr zerbrechlich war; die Pocken, an denen sie hätte sterben können, hatten sie lange niedergestreckt.«[3]

Bekannt ist, wie lange Antonia bereits für den französischen Thron vorgesehen war. Nach dem Tod des jungen Herzogs von Burgund[4] begann Choiseul, von einer möglichen Hochzeit zwischen Antoinette und dem Herzog von Berry, dem künftigen Ludwig XVI., zu sprechen, der seinem Vater, dem Dauphin, auf den Thron folgen würde. Letzterer starb verfrüht im Dezember 1765, woraufhin die Verhandlungen zwischen den beiden Herrscherhäusern aktiv wiederaufgenommen wurden.[5] Für die Verbindung wurden zwei Gründe vorgebracht: Hauptgrund war der Wunsch Maria Theresias und Ludwigs XV., ihre durch die Umkehr der Allianzen

---

1 31. Dezember 1757; TKM 4, S. 144. Die *Gazette de Vienne,* die am selben Tag veröffentlicht wurde, berichtete über die Pocken, die am Vortag aufgetreten waren.

2 31. Januar 1758; TKM 5, S. 6.

3 An Mme Bentinck. 18. Mai 1758; Arnheim, *Familie Bentinck* 633.

4 22. März 1761. Er war der älteste Sohn des französischen Dauphins und starb im Alter von neun Jahren.

5 Der französische Botschafter in Wien (1761–1766), Florent du Châtelet, nahm bereits weit vor seiner Abreise an entsprechenden Verhandlungen teil.

von 1756[1] geschwächte Verbindung wieder zu stärken. Der zweite Grund war, dass die potenziellen Brautleute vom Alter her gut zueinander passten. Dem künftigen König würde nur Antonia gefallen, die ein Jahr älter war als er. Im April 1767 wurde die Hochzeit beschlossen. Dennoch wartete man ein weiteres Jahr, ehe man der nun zwölfjährigen Braut eine entsprechende Bildung zuteilwerden ließ und sie auf ihre künftige Rolle als Königin vorbereitete. Im April 1768 nahm man sie der Brandis weg und vertraute sie Gräfin Lerchenfeld an, die Karolina nicht nach Neapel hatte begleiten können. Choiseul sandte den ehrenhaften und umgänglichen Abbé de Vermond nach Wien, der die Prinzessin in der Geschichte Frankreichs, den dortigen Sitten und Gebräuchen, den wichtigen Adelsgeschlechtern, französischer Literatur sowie Sprache und Rechtschreibung unterweisen sollte. Er wurde mit allen Ehren von Maria Theresia empfangen und begann Ende 1768 oder Anfang 1769 mit dem Unterricht. Seine 13-jährige Schülerin überzeugte ihn zwar durch ihren Charme und ihre Anmut, ihre Sanftheit und ihre Fröhlichkeit, doch dem Abbé fiel schnell auf, wie maßlos ungebildet und unfähig zur Aufmerksamkeit seine Schülerin war. In seinem ersten Bericht machte er keinen Hehl aus seiner Sorge:

»Ich kann die Sanftheit und Gefälligkeit Ihrer Königlichen Hoheit nicht genug loben, doch ihre Lebhaftigkeit und häufige Ablenkung behindert wider Willen ihre Bildung. Es wäre zu wünschen, dass das Ende ihrer Ausbildung nicht so bald bevorstünde. Man kann erst von einer Bildung sprechen, seit sie in den letzten neun Monaten bei Gräfin Lerchenfeld ist. Die Erzherzogin sagte mir selbst, dass die Oberhofmeisterin[2], die sie aufgezogen hat, sie sehr

---

1 Am 1. Mai 1756 besiegelten Österreich und Frankreich eine Allianz, die ein Gegengewicht zum Aufstieg der inzwischen alliierten Mächte Preußen und England bilden sollte.
2 Gräfin Brandis war nicht »Oberhofmeisterin«, sondern »Kammerfräulein«.

liebte, verwöhnte und nicht mit irgendeiner Anstrengung belastete.« Vermond lobte Gräfin Lerchenfeld sehr: »Ich bin überzeugt, dass sie [Antonia] kaum eine Erzieherin gefunden hätte, die besser zu ihr gepasst hätte. Mit ihrer Strenge setzt sich Gräfin Lerchenfeld durch, und doch liebt die Erzherzogin sie und ist ihr eng verbunden.«[1]

Der Abbé nutzte all seine pädagogischen Fähigkeiten, um die Aufmerksamkeit seiner Schülerin zu erregen und sie zur Reflexion anzuregen – umsonst: »Etwas Faulheit und viel Leichtigkeit haben mir ihre Bildung schwerer gemacht [...]; ich kann sie nicht dazu bringen, ein Thema zu vertiefen.«[2] Kurz vor ihrer Hochzeit[3] musste sich die Erzherzogin drei Tage zurückziehen, wie es damals üblich war. Der Abbé zeigte sich desillusioniert: »Eure Exzellenz können sich gut vorstellen, dass die Meditationen nicht von langer Dauer sein können; ich habe große Angst, dass die spirituellen Lektüren, die ich unternehmen muss, es auch nicht sein können.«[4]

Während der 18-monatigen Vorbereitungszeit machte Maria Theresia sich viele Gedanken, welchen Eindruck die noch kindliche und unerfahrene Antonia am Hof von Versailles machen würde. In ihren Augen war dieser prestigeträchtige Ort zugleich ein Hort der Intrigen, Lüste und Listen. 1769 erfuhr sie mit Entsetzen, dass Ludwig XV. seine Geliebte, Madame du Barry,[5] offiziell bei Hof vorge-

1 »Briefe des Abbé de Vermond an den Grafen Mercy«, in: A. von Arneth (Hg.), *Maria Theresia und Marie Antoinette. Ihr Briefwechsel*, 2. Aufl., Wien, 1866, S. 354–355, 21. Januar 1769. Antonia empfand nach Gräfin Lerchenfelds Tod am 28. Januar 1770 große Trauer. Vgl. Fürstin Trautson an Gräfin Bentinck; Arnheim, *Familie Bentinck* 633, 28. u. 31. Januar [1770].
2 14. Oktober 1769; vgl. »Briefe des Abbé Vermond«, a. a. O., S. 359.
3 Sie fand am 19. April 1770 statt; BMT 3, S. 108.
4 14. März 1770; vgl. »Briefe des Abbé Vermond.«, a. a. O., S. 361.
5 Die Vorstellung fand am 22. April 1769 statt.

stellt hatte – obgleich sie aus Sicht der Kaiserin eine echte Hure war. Sie dachte sogar kurz darüber nach, die Hochzeit mit dem Dauphin abzusagen, den man ihr als »borniert, hässlich, voller Vorurteile gegen uns und seinen Großvater, von einem Scheinheiligen erzogen [dem Herzog de La Vauguyon] und was einen sonst noch beunruhigen mag«[1], beschrieben hatte. Doch das wertvolle Bündnis mit Frankreich war einige Opfer wert.

Da die Kaiserin ihre Jüngste nicht zur Intellektuellen machen konnte, tat sie alles in ihrer Macht Stehende, um sie nicht wie eine Provinzlerin erscheinen zu lassen, die von Mode und Sitten am französischen Hof nichts wusste. Sie wünschte, dass ihre Tochter Ludwig XV. sowie dessen Familie und Entourage verführte. Aus Paris ließ sie einen Friseur kommen, um die »etwas hohe Stirn und schlechtsitzenden Haare«[2] zu verschönern. Ein Zahnarzt sollte die unregelmäßigen Zähne begradigen;[3] Kleider und Schmuck für 200 000 Florin wurden bestellt. Der große Tänzer Noverre musste ihr die neuesten Modetänze beibringen. Kurzum, die Form wurde hier der Funktion übergeordnet.

Fürstin Trautson, die hinsichtlich der Kaiserin stets diplomatisch war, fasste die Situation so zusammen: »Die Gefälligkeit Frankreich gegenüber und das Wissen, dass man dort hauptsächlich wünschte, die Prinzessin möge gefällig, verspielt und in den Sitten des Landes bewandert sein sowie sich zu amüsieren wissen, hat dazu geführt,

---

1 Brief an Rosenberg, 18. [Januar 1769]; KLA *Familie Orsini-Rosenberg 77*, Fasz. 65/355 a-2.

2 Georg Adam von Starhemberg an Mercy d'Argenteau, 9. Oktober 1768; ÖStA HHStA *Staatenabteilungen Frankreich Varia 39*, f. 85 r.

3 Wien, 27. November 1768; MAE *CP Autriche*, vol. 310, f. 251 v. Der Botschafter Durfort schrieb an Choiseul: »Antonia hat Zähne, die der Hand eines geschickten Zahnarztes bedürfen. Ein Franzose namens Laveran wurde damit beauftragt, diesen Mangel zu beheben, und er hat mir versichert, dass sie in drei Monaten schöne, wohlangeordnete Zähne haben wird.«

dass man diese Braut oft abgelenkt hat, *und ihre erhabene Mutter,*
die sie weniger gesehen hat als die anderen [Kinder], ist weniger eng
mit ihr verbunden. In den letzten Tagen wurden Tränen vergossen,
doch das war nichts im Vergleich zu den anderen Abschieden, bei
denen die Königin von Neapel [Karolina] weitere furchterregende
Schmerzensäußerungen fürchten ließ.«[1]

Mutter und Tochter hatten keine Gelegenheit, einander kennen
und somit lieben zu lernen. Zu Antonias großem Missfallen war
ihr vorherrschendes Gefühl gegenüber der Kaiserin Angst, während Maria Theresia ihrer Tochter hauptsächlich mit ewiger Unzu-
friedenheit begegnete.

Ferdinand und Maximilian

Nach den Geburten von vier Erzherzoginnen löste die Geburt Ferdinands 1754, sieben Jahre nach Leopold, keine besondere Begeisterung aus. Gleiches galt 1756 für Maximilian. Die Botschafter be-
gnügten sich mit der kommentarlosen Übermittlung der Fakten.
Die Erbfolge des Kaiserreichs schien durch die drei Älteren gesi-
chert; für die zwei letztgeborenen Söhne mussten Positionen gefunden werden, die ihres Status würdig waren.

Wie so häufig tauchte auch Ferdinands Name in den Zeitungen
erst anlässlich einer schweren Erkrankung im Januar 1762 auf. Seine
Schwester Johanna war kaum verstorben, da musste der siebenjährige Erzherzog öffentlich aufgrund einer kleinen Kolik behandelt
werden, die sich gefährlich verschlimmerte. »Doch der Herr beru-
higte das Leiden der kaiserlichen Mutter [...] und die Entzündung

---

1 An Gräfin Bentinck, 4. Mai [1770]; Arnheim, *Familie Bentinck* 630. Hervorhebung
   von der Autorin.

wurde abgewendet. Zur jetzigen Stunde ist er fast gänzlich gesundet [...]; dieser junge Prinz ist liebenswert und würdig, uns erhalten zu bleiben, wie Ihr, meine liebe Gräfin, aus vielen scherzhaften Unterhaltungen wisst, die Ihr mehr als einmal mit ihm geführt habt.«[1]

Kaum genesen, wurde Ferdinand den Männern und damit dem Ayo Graf Karl Goëss[2] zugeordnet, dem er lebenslang in Freundschaft und Dankbarkeit verpflichtet bleiben sollte. Der Graf übernahm auch die Erziehung Maximilians, der an der Seite des Bruders blieb. Wie gewöhnlich betonte Maria Theresia in ihren Anweisungen alle kleinen Fehler, die es auszumerzen galt. Schon in jungen Jahren war Ferdinand folgsamer und zärtlicher als Maximilian, »der nicht die gleiche Liebenswürdigkeit hat. Es ist deshalb nötig, ihm durch Gewohnheit ein Vorbild zu geben und ihn eine freundliche Ausdrucksweise zu lehren, die er Ihnen und seinen Leuten gegenüber anwenden kann.«[3] Scheinbar war der Ältere geschmeidiger als sein kleiner Bruder, denn die Kaiserin schrieb drei oder vier Jahre später an Goëss: »Sie haben sehr richtig daran getan, [ihn] zu schlagen. Man muss ihn dazu bringen, zu gehorchen.«[4] Mit klarem Blick erkannte die Mutter, dass ihre beiden Söhne »lebendig, aber auch faul und weich« waren und dies verändert werden musste. Was nicht richtig gelang ...

Die größte Sorge bereitete der Mutter offenbar Ferdinands geringe Größe. Er war der Prinzessin von Modena versprochen und musste nach Karl und Leopold einen guten Eindruck machen.

---

1   20. Januar [1762]; ebd. 644. Hervorhebung von der Autorin. Vgl. 19. Januar 1762; MAE *CP Autriche*, vol. 286, f. 74 v.

2   Höfischer Abgesandter in Schweden. »Karl Goëss ist seit acht Tagen zurück [...], ein geistreicher Junge, sehr sanft und von exzellentem Charakter.« 9. Februar [1762]; Arnheim, *Familie Bentinck* 644.

3   Anweisungen Maria Theresias an Graf Karl Goëss für Ferdinand und Maximilian, [1762]; KLA *Privatarchiv Familie Goëss* C 190.

4   Notiz von Maria Theresia an Goëss [1765?–1766?]; ebd.

Maria Theresia schrieb ihrer künftigen Schwiegertochter immer wieder, er wachse gut und werde stark.[1] Zwischen 1765 und 1769 kam das Thema wiederholt auf. Fürstin Trautson war anderer Meinung und sagte: »Erzherzog Ferdinand entwickelt sich sehr hübsch [...]. Er wächst, wird aber immer eine *hübsche Miniatur* bleiben im Vergleich zu der Gefährtin, die ihm bestimmt ist«.[2] Nach seiner Inokulation im September 1768 schrieb Maria Theresia an Beatrice: »Ferdinand wächst, aber sehr mager und schwächlich [...]. Er beendet seine Studien. Ich bin recht zufrieden, auch wenn wir manchmal ein wenig zerstreut sind. Er hat nicht Leopolds großen Fleiß, aber mehr angenehme Eigenschaften und wird mehr Gefallen an den schönen Dingen finden.«[3]

Je näher das Hochzeitsdatum rückte, umso zufriedener äußerte sich die Kaiserin über ihren Sohn.[4] Nicht nur, weil er ihr zufolge jeden Tag Fortschritte machte, sondern auch und vielleicht vor allem, weil der Charmeur Ferdinand ihr Zuneigung und Unterwerfung entgegenbrachte.

Zweimal vertraute sie ihrer künftigen Schwiegertochter an: »Da ich ihn sehr liebe, wird die Abreise meines Sohnes mir schwerfallen.«[5]

Über Maximilian sagte sie so etwas nicht. Er war lebhafter, aber auch weniger freundlich und gesellschaftlich kommunikativ als sein Bruder und löste bei seiner Mutter nicht die gleiche Zuneigung aus. Sie verglich die beiden unaufhörlich miteinander – lange Zeit zum Nachteil des Jüngeren. Erst als dieser 18 Jahre alt wurde, änderte sich ihr Blick auf ihn.

---

1 BMT 3, S. 76, 91, 95, 99 u. 103.
2 An Mme Bentinck; 26. Juli 1768; Arnheim, *Familie Bentinck* 632.
3 27. November [1768]; BMT 3, S. 99.
4 24. März u. 10. Juli [1771]; ebd., S. 116 u. 118.
5 17. August [1771]; ebd., S. 119, u. 12. September [1771]; ebd., S. 122.

Im Gegensatz zu seinen Brüdern war Maximilian nicht Gegenstand von Heiratsverhandlungen. Er war noch keine 13, als die Kaiserin ihn zum Zölibat und zu einer Militärkarriere bestimmte. Sie wünschte, er solle eines Tages die Nachfolge seines Onkels Karl von Lothringen antreten, der Hochmeister des Deutschen Ordens war.[1] Maria Theresia schien ratlos angesichts ihres letzten, verschlossenen und »extrem schwermütigen«[2] Kindes. Als sie der Fürstin Herzelles von ihrem »Hühnerstall« berichtet, notiert sie über Maximilian: »Er wächst und ähnelt täglich mehr Leopold [was nicht zwingend ein Kompliment ist] […]. Über ihn kann man nichts sagen.«[3]

Um ihn aufzulockern und aus seiner Trübsal herauszuholen, beschloss Maria Theresia, ihn auf Reisen zu schicken – zunächst zu seinem Onkel Karl in die Österreichischen Niederlande, dann nach Versailles, wo seine geliebte Schwester regierte, und zuletzt nach Italien. Am Vorabend der Abreise, am 30. April 1774, hatte die Kaiserin einige Anweisungen für Rosenberg, der ihn begleiten und anleiten sollte. Sie bat diesen, »es mit ihm genauso zu tun, wie Ihr es mit Leopold zu meiner gänzlichen Zufriedenheit getan habt. […] Ihr müsst nichts tun, als die Persönlichkeit meines Sohnes zu formen: Er hat Geist, Talente, hat alles gut gelernt, ist gutherzig und hat keine Laster, doch er ist sehr duckmäuserisch und sein Äußeres sowie seine Ausdrucksweise sind äußerst ungefällig.«[4]

Gleichzeitig erteilte sie Maximilian Anweisungen, die sowohl einer Rechtfertigung der distanzierten Beziehung zu ihm gleich-

---

1 Wien, 8. Oktober 1769; MAE *CP Autriche*, vol. 312, f. 125 r: »Gestern war hier bei Hof die Audienz für die Wahl Erzherzog Maximilians zum Koadjutanten des Hochmeisters des Deutschen Ordens.«

2 18. April [1774]; BMT 1, S. 271.

3 30. November [1772]; vgl. K. de Lettenhove (Hg.), *Lettres inédites*, a. a. O., S. 42 f.

4 [27. April 1774]; BMT 4, S. 81.

kamen als auch einem Katalog der Erwartungen an ihn: »Ich gebe zu, dass meine Zärtlichkeit leidet, da ich Euch von mir entfernen muss und Ihr noch so jung seid [...]. Hier könnt Ihr nichts mehr erwarten und habt auch nicht die geeigneten Mittel, um Euch zu entwickeln [...] Ich finde, Euer Charakter ist noch nicht entwickelt, Ihr seid zu duckmäuserisch und dennoch hitzig und aufmüpfig [...] Vermeiden sie alle unangemessenen Vertrautheiten, Streiche und Handgemenge [...]. Euer Äußeres muss, darauf hoffe ich, noch stärker korrigiert werden als Euer Inneres, weil hundert Menschen Euch nach dem Äußeren beurteilen werden und kaum nach Euren wahren Verdiensten [...]. Möge Gott machen, dass ich genauso viel Gutes über Euch höre wie über Eure beiden Brüder [Ferdinand und Leopold].«

Schon nach Lektüre der ersten Briefe Maximilians beschwerte sie sich bei Ferdinand über deren Nüchternheit: »Er ist nicht der zärtliche Ferdinand [...]«.[1] »Wo Ihr auch hingeht, überall hört man nur Lob über Euch [...]. Welch Trost für mich. Ich wünschte, Euer Bruder wirke zuvorkommender, aber er ist von eisiger Kälte. Ob es Scham ist oder mangelnde Sensibilität, wird sich bald entscheiden [...]. Er wirkt stets, als langweile er sich, das wird zunehmend deutlich [...]. In Brüssel, wo er mit Freude und unerhörtem Jubel empfangen wurde, schien er davon unberührt und eher belästigt.«[2] Und schließlich: »Sein Herz müsste sich entwickeln.«[3]

Ferdinand verteidigte Maximilian energisch, konnte seine Mutter aber nicht gänzlich überzeugen.[4] Sie zweifelte noch eine Weile an den Fortschritten ihres Sohnes.

---

1 4. Mai [1774]; BMT 1, S. 274, u. 9. Juni [1774]; ebd., S. 280.
2 23. Juni [1774]; ebd., S. 282 f.
3 14. Juli [1774], ebd., S. 287.
4 Ferdinand an Maria Theresia, 5. Juli 1774; ÖStA HHStA *HausA HE EFA* 34/4-6.

Isabella, die Unvergleichliche

Josephs Frau, die Maria Theresia, wie es damals üblich war, als ihre »Tochter« bezeichnete, nahm am kaiserlichen Hof einen bedeutenden Platz ein. Der Grund für diese Eheschließung bestand natürlich in politischen Interessen. Wer war nach der Umkehr der Bündnisse (1755/56) besser geeignet, die neue Koalition mit den Bourbonen zu besiegeln, als die Enkelin des spanischen Königs, Philipp V., und des französischen Königs, Ludwig XV. ?[1] Zudem passten die beiden jungen Leute vom Alter her perfekt zusammen.[2] 1757 entsandte Wien den lombardischen Gouverneur nach Parma, wo er einen Bericht über das junge Mädchen erstellen sollte. Cristiani war begeistert von der Anmut, dem Charme, der Intelligenz und Begabung Isabellas, die »aus jedem Blickwinkel würdig ist, den Thron Österreichs zu besteigen«.[3] Dieses Urteil wurde von allen ausländischen Besuchern bekräftigt, die in Parma ihre Bekanntschaft machten. Zwei Wochen vor Isabellas Ankunft in Wien hieß es: »Hier erklingt der Widerhall des Lobs über die Erzherzogin, die alle Stimmen auf sich vereint und alle Herzen einfängt [...]. Die Kaiserin erwartet ihre Schwiegertochter mit größter Ungeduld; sie ist ihr sehr zugeneigt und liebt sie bereits.«[4]

Zu behaupten, Maria Theresia sei nicht enttäuscht worden, ist untertrieben. Die Begegnung war wie eine halb mütterliche, halb freundschaftliche Liebe auf den ersten Blick, von der sie, kaum

---

1 Isabellas Vater war Philipp, Herzog von Parma, ihre Mutter Luise Elisabeth, die älteste und liebste Tochter Ludwigs XV. Vgl. Isabella von Bourbon-Parma, »*Je meurs d'amour pour toi ...*«, a.a.O.

2 Isabella wurde am 31. Dezember 1741 geboren, also neun Monate nach Joseph.

3 Zit. n. Omero Masnovo, »La Corte di Don Filippo di Borbone nelle ›relazioni segreti‹ di due ministri di Maria Teresa«, in: *Archivio Storico per le province Parmensi*, Parma, 1914, Reihe II, Bd. XIV, S. 172 u. 179.

4 Wien, 14. September 1760; MAE *CP Autriche*, vol. 277, f. 332 r.

vier Stunden nach deren Eintreffen, Isabellas Vater auch sofort berichtete:

»Ich bin ihr bereits so verbunden, dass ich alles daransetze, sie glücklich zu machen [...]. Man kann ihr nicht widerstehen; dem Kaiser, der sie begrüßt hat, ging es genauso und alle, die sich ihr nähern, und alle Länder, durch die sie gereist ist, sind begeistert. Welch Glück für uns! Ich weiß nicht, wo mir der Kopf steht, Tränen steigen mir in die Augen [...]. Ihre Königliche Hoheit bereitet mir das größte Glück meines Lebens [...].«[1]

Selbst Joseph, ein bekannter Frauenfeind, der die Hochzeitsnacht mehr fürchtete als alles andere, wirkte bewegt. Seine Mutter meinte, sie habe »genau gesehen, [...] welchen Eindruck die charmante Prinzessin auf das Herz des Bräutigams gemacht hat.«[2] Sie verfügte »in höchstem Maße über die Gabe, sich beliebt zu machen: Sie hat die Herzen aller gewonnen, die bei ihr waren. Solches Lob war nicht zu erwarten«,[3] notierte der französische Botschafter. Mit jedem Tag entdeckte Maria Theresia neue Qualitäten an Isabella und liebte sie umso mehr.[4] Das Gleiche galt für ihren Mann, den Kaiser. Tatsächlich studierte Isabella die Charaktere al-

---

1 An den Infanten Philipp, diesen 1. Oktober [1760]. Staatsarchiv Parma, *Carteggio Borbonico Germania* 99, Fasz. 1. Der Sondergesandte Maria Theresias in Versailles sagte dem König das Gleiche, und dieser übermittelte es Isabellas Vater: »Man fand Ihre Tochter in jeder Hinsicht perfekt [...]. Die Kaiserin hat gesagt, der schönste Tag ihres Lebens sei jener, an dem sie ihre Tochter gesehen habe.« Brief Ludwigs XV. an den Infanten Philipp, 24. Oktober 1760, Parma, *Carteggio Borbonico Estero* 50, Fasz. 12.

2 An den Infanten Philipp; ebd.

3 Wien, 2. Oktober 1760; MAE *CP Autriche*, vol. 278, f. 7 v.

4 Dem französischen Botschafter vertraute sie an, sie entdecke täglich neue Eigenschaften, wodurch sie dieser Prinzessin mehr und mehr zugeneigt sei. Mit aller Anmut der Jugend verbinde die Prinzessin die Festigkeit höchst reflektierter Urteile, sei von angenehmem Wesen und exzellenter Herzensbildung und mithin das Glück ihres Lebens (25. Juli 1761); MAE *CP Autriche*, vol. 282, f. 363 v.

ler Mitglieder ihrer neuen Familie, um sich so gut wie möglich anzupassen und geliebt zu werden. Wie sonst niemand konnte sie Vertrauen hervorrufen und Konflikte befrieden. Sie war eine Verführerin mit einem ganz besonderen Charme und bezwang damit sogar Josephs steife, misstrauische Art. Sie war die einzige Frau, die er anbetete. Im Lauf der Wochen und Monate gewann sie die tiefe Freundschaft und Zuneigung Maria Theresias, die nicht mehr ohne sie sein konnte. Sie schenkte der Kaiserin eine Prinzessin und Enkelin, die nach ihr benannt wurde. Drei Jahre nach ihrer Ankunft in Wien und schwanger mit einem weiteren Mädchen starb sie an den Pocken.[1]

Nach ihrem Tod hinterließ sie eine unfassbare Leere. Der Schmerz der kaiserlichen Familie war ungekannt. Davon zeugen der Schriftverkehr mit Isabellas Vater Philipp und die Depeschen der Botschafter. Am Tag vor ihrem Tod ist zu lesen: »Nie waren der Kaiser und die Kaiserin, die bereits mehrere solcher Verluste erlitten haben, in einer so tiefen Verzweiflung«.[2] »Unsere unvergleichliche Tochter[3] wird beweint wie keine andere ...«

Der Kaiser kann den Zustand, in dem sich seine Familie nach diesem Verlust befindet kaum beschreiben: »*Ich im Besonderen verliere mehr als eine eigene Tochter* und werde mich davon nie mehr erholen.«[4]

Josephs Schmerz reichte weit über die gemeinhin üblichen Formulierungen hinaus. Er hatte Tag und Nacht bei der Kranken gewacht und war zutiefst erschüttert. Er schrieb seinem Schwieger-

---

1 Am 27. November 1763. Sie war noch keine 22 Jahre alt. Das Kind starb wenige Stunden nach der Geburt.

2 26. November 1763; MAE *CP Autriche*, vol. 296, f. 267 v.

3 Dieser Ausdruck wurde von Maria Theresia häufiger benutzt und vom Kaiser und von Joseph aufgegriffen.

4 An den Herzog von Parma, Wien, 29. November 1763; Staatsarchiv Parma, *Carteggio Borbonico Germania* 99, Fasz. 1. Hervorhebung von der Autorin.

vater: »Ich habe alles verloren. Meine angebetete Ehefrau und einzigartige Freundin ist nicht mehr [...]. Stellen Sie sich vor, wie bedrückt und niedergeschlagen ich bin! Ich weiß kaum noch, ob ich existiere. Welch entsetzliche Trennung! Kann ich das überleben? Ja, um mein ganzes Leben lang unglücklich zu sein.«[1] Etwas später schrieb er: »Wie schade ist es für den gesamten Staat, für die ganze Familie und für mich, den Unglücklichen! Sie ist unvergleichlich! Nie zuvor hat es eine solche Prinzessin und Frau gegeben, und es wird nie wieder eine geben«.[2] Die politische Verpflichtung zur Wiederheirat wurde für ihn zur Qual. Die Liebe für seine Frau übertrug er auf seine kleine Tochter Maria Theresia.

Für die Kaiserin war Isabellas Tod ein Schock, der sie in eine tiefe »Lethargie«[3] stürzte. »Für mich gibt es kein Glück mehr.«[4] Drei Tage später: »Der grausame Verlust meiner Schwiegertochter hat mir alle Zufriedenheit und allen Trost geraubt, den ich in meiner Familie hatte; dieser Verlust ist besonders für mein Herz der empfindlichste Schlag [...]. Mit ihr verliere ich meine Freundin, meine Vertraute und alles.«[5] »Nichts auf der Welt kann mich über den Verlust dieser Unvergleichlichen hinwegtrösten, meine Tränen werden nie versiegen.«[6]

1   Brief vom 29. November 1763; vgl. Emilio Bicchieri (Hg.), »Lettere Famigliari dell'Imperatore Giuseppe II a Don Filippo e Don Ferdinando (1760–1767)«, in: *Atti e Memorie delle R. R. Deputazioni di Storia Patria, per le Province Modenesi e Parmensi*, Modena, 1868, IV, S. 111.

2   Brief vom 11. Dezember 1763; ebd., S. 112.

3   An Antonia von Sachsen, 23. Dezember 1763; vgl. W. Lippert (Hg.), *Kaiserin Maria Theresia und Kurfürstin Maria Antonia von Sachsen*, a. a. O., S. 221.

4   26. Dezember 1763; ebd., S. 203.

5   29. Dezember 1763; ebd., S. 206.

6   An den Infanten von Parma, 30. Dezember [1763]; Parma, *Carteggio Borbonico Germania*, 99, Fasz. 1.

Das waren keine nur im Moment geäußerten Worte. Einige Monate später vertraute sie ihrer Freundin Antonia von Sachsen an: »Ich kann mich von dem Verlust, den ich erlitten habe, nicht erholen, und er wiegt mit jedem Tag schwerer, weil er eine Leere hinterlässt.«[1]

Noch viel später sollte sie sagen, nach dem Tod ihres Mannes sei der Verlust Isabellas der schwerste gewesen ...

1   12. Mai 1764; vgl. W. Lippert (Hg.), *Kaiserin Maria Theresia und Kurfürstin Maria Antonia von Sachsen*, a. a. O., S. 221.

IV

DER KONFLIKT ZWISCHEN
MUTTER UND KAISERIN

Der innere Konflikt der Kaiserin zwischen Muttergefühlen und Politik wurde bereits deutlich. Der plötzliche Tod ihres Ehemanns Franz Stephan verstärkte diesen Konflikt. Sein Verlust hinterließ nicht nur Spuren im Charakter und seelischen Zustand Maria Theresias, sondern das Fehlen jenes Menschen, der fast 25 Jahre lang an ihrer Seite war, rückte die Frage nach der eigenen Macht ins Zentrum ihrer Sorgen. Sie betraf ihre Autorität gegenüber ihren erwachsenen Kindern, die bislang nie diskutiert wurde.

Eine orientierungslose Frau

Das Drama am 18. August 1765

Als der Mann, den die Kaiserin seit frühester Kindheit geliebt hatte, plötzlich in Innsbruck starb,[1] kam es in Maria Theresias Leben zu einem scharfen Bruch. Jeder Verlust wird von Leid begleitet, doch für sie sollte dieses Leid nie ein Ende haben. Ihr bereits depressiver Zustand verschlechterte sich. Sie schnitt sich die

---

1 Er starb keine zwei Wochen nach Leopolds Hochzeit mit der Infantin Maria Luisa, die Maria Theresia in Innsbruck organisiert hatte.

Haare und trug fortan und bis an ihr Lebensende Trauerkleidung, deren Schwarz zum Symbol ihrer Stimmung wurde. Ihrer Freundin Sophie Enzenberg vertraute sie an: »Selbst die Sonne erscheint mir schwarz« oder nur »Schwarz ist mir angenehm«.[1] Hier sprach eine vernichtete Frau, der nichts und niemand helfen konnte. Alles ist ihr zu viel. Nur die Einsamkeit der Kapelle oder ihrer Gemächer gefällt ihr, denn dort kann sie ihren Gemahl in Gedanken wiedertreffen. Fast fünf Jahre später verriet sie dem treuen Rosenberg: »Während mein Mann lebte, unterstützte er mich; nur sein Anblick ließ mich alles vergessen, selbst die größten Herausforderungen, doch der gute Gott hat ihn mir entrissen, ich habe ihn verloren, alles ist gleichzeitig zusammengebrochen und nichts bewegt mich mehr. Ich bin meiner Natur ausgeliefert.«[2] Selbst gute Nachrichten aus der Familie können sie nicht aus der Depression reißen: »Mir scheint, für mich gibt es nichts mehr in der Welt. Die Hochzeit meiner Tochter [Maria Christina], die Schwangerschaft der Erzherzogin [Leopolds Frau], all das freut mich im Moment, kann aber keine Empfindung mehr auslösen, mein Herz ist erloschen, Gefühle habe ich nur für das Leid.«[3]

Von nun an folgte das Leben der Kaiserin dem Rhythmus der wichtigen Ereignisse ihrer Ehe mit Franz Stephan: seinem Geburtstag, dem Hochzeitstag und natürlich seinem Todestag. Wenn sie in die Kapuzinergruft hinabstieg, in der seine letzte Ruhestätte war, empfand sie stets dieselbe Zerrissenheit und den intensiven Wunsch, sich dort zu ihm zu gesellen. Ihre große Angst war es, nicht an seiner Seite ins Paradies einzuziehen. Die sehr gläubige Maria

---

1 9. November u. 26. Dezember 1765; vgl. J.-P. Lavandier (Hg.), *Lettres*, a. a. O., S. 104 u. 110.

2 20. Mai 1770; KLA *Familie Orsini-Rosenberg 77*, Fasz. 65/355 a-2.

3 An Sophie von Enzenberg, 19. Juni [1766]; vgl. J.-P. Lavandier (Hg.), *Lettres*, a. a. O., S. 163.

Theresia betete immer häufiger, nahm an mehreren Messen täglich teil, versäumte keine Prozession und flüchtete sich in die Einsamkeit spiritueller Lektüren. Sie, die immer schon gläubig war, wurde zu einer wahren Frömmlerin, die unablässig gegen die laxe Religiosität einiger ihrer Kinder ankämpfte. Dennoch vergaß sie nicht ihre Aufgaben als Mutter und Kaiserin, vor allem die Verheiratung ihrer Töchter mit den Häusern der französischen und spanischen Bourbonen, zumal die Verhandlungen darüber noch zu Lebzeiten des Kaisers begonnen worden waren.

Die Machtfrage

Nach dem Tod ihres Mannes ging das Gerücht um, die Kaiserin werde sich zurückziehen und die Macht ihrem Sohn Joseph übertragen, der inzwischen Deutscher Kaiser war. Sie war unfähig, noch die geringste Entscheidung zu treffen, schloss sich ein und vergoss viele Tränen. Joseph übernahm die Verantwortung, organisierte die Rückführung aus Innsbruck bis ins kleinste Detail und kümmerte sich um seine Mutter. Man weiß nicht, ob die Gerüchte um ihre Abdankung jemals begründet waren, doch einige Wochen später war davon nicht mehr die Rede. Kanzler Kaunitz und andere Berater der Kaiserin standen Josephs schroffem Charakter misstrauisch gegenüber und fürchteten seine Unerfahrenheit. Man überzeugte die Kaiserin deshalb, in eine gemeinsame Regentschaft einzutreten, die sie bereits mit Franz Stephan gepflegt hatte. Neben einer verfassungstechnischen Begründung[1] gab es zwei persönlichere Gründe für ihren Stimmungsumschwung – falls sie jemals über einen Rücktritt nachgedacht haben sollte. Da war zum einen die Be-

---

1 E. Badinter, *Die Macht der Frau,* a.a.O., S. 210.

ziehung zu ihrem Sohn im Jahr 1765. Seit dessen erster Ehe mit Isabella war das Verhältnis von Mutter und Sohn gefestigt. Josephs Tochter bildete ein Band zwischen den beiden, und Joseph war seiner Mutter zärtlich ergeben. Beide teilten das immense Leid über den Tod Isabellas. Bei der obligatorischen Wiederheirat war vor allem die Sicherung der Erbfolge entscheidend. Maria Theresia tat alles in ihrer Macht Stehende, damit Joseph unter den möglichen Kandidatinnen eine neue Ehefrau auswählen konnte. Joseph stand der Vorstellung einer neuen Verbindung sehr ablehnend gegenüber und wollte nur Isabellas jüngere Schwester, die Infantin Maria Luisa, in Betracht ziehen, welche aber bereits dem Sohn des Königs von Spanien versprochen war. Maria Theresia zögerte nicht und intervenierte in fast erniedrigender Weise bei Karl III., damit er ihr diese Prinzessin überlasse. Wie erwartet antwortete der König überaus freundlich, das komme gar nicht in Frage.[1] Die Wiederheirat[2] Josephs mit Josepha von Bayern war zwar ein Desaster, doch Joseph war seiner Mutter gegenüber weiterhin voller Anerkennung und Gehorsam[3] und drückte dies etwa nach seiner Wahl 1764 zum *Rex Romanorum* aus: »Wenn Ihr in mir weiterhin nichts als einen Sohn und Untertan seht, ist mein Glück vollständig. Ich flehe Euch an, mir wie zuvor zu befehlen, mir Dinge zu verbieten, mich zu ermahnen, denn ich bedarf Eurer Anleitung, und das wenige Gute, das vielleicht in mir ist, kommt nur durch Eure Fürsorge […]. Ich will versuchen, ganz wie Ihr zu sein […]. *Das gilt für die Politik wie auch für das Denken im Privaten.*«[4]

---

1 Brief Karls III. an Maria Theresia, Aranjuez, 2. Juni 1764; zit. n. Arneth, *Maria Theresia und Joseph II. Ihre Korrespondenz samt Briefen Josephs an seinen Bruder Leopold*, [MTJ], Wien, 1867, Bd. 1, S. 125 f.

2 Am 25. Januar 1765 in Schönbrunn.

3 An Sophie von Enzenberg, 12. September 1765; vgl. J.-P. Lavandier (Hg.), *Lettres*, a. a. O., S. 96; Maria Theresia zeigte sich hier »sehr zufrieden über ihren Sohn«.

4 27. März 1764; MTJ 1, S. 50. Hervorhebung von der Autorin.

Dank solcher, mehrfach wiederholter Erklärungen hatte Maria Theresia allen Grund, Joseph zu ihrem Mitregenten zu machen.[1] Sie hätte keine bessere Gelegenheit finden können, ihm die Kunst des Regierens und der Diplomatie nahezubringen und ihm ihre politische Vision für Europa und ihre Werte zu vermitteln. Sie war, kurz gesagt, die Lehrerin eines treuen Schülers. Ein weiterer Grund für ihre Überzeugung von dieser Konstruktion war, dass sie ihre Macht während der gemeinsamen Regentschaft mit ihrem Mann frei hatte ausüben können, vor allem seit dem Ende des Österreichischen Erbfolgekriegs. Nicht nur, dass sie sich deshalb nicht von der Macht zurückzog, sie plante sogar, sie auszubauen, und blieb Regentin ihrer Erbländer. Für diese Entscheidung gab es viele gute Gründe. Zunächst ihr Pflichtbewusstsein: Joseph war erst 24 Jahre alt und musste noch viel lernen. (Sie selbst war erst 23 gewesen, als sie auf ihren Vater gefolgt war, der ihr nichts beigebracht hatte.) Ihrer Freundin Enzenberg gegenüber bezeichnete sie ihren Machterhalt als eine Art Mittel gegen die Depression. Franz Stephan sei »Gegenstand und Ziel all meiner Handlungen und all meiner Zärtlichkeit« gewesen; »stellt Euch die Leere [meines Herzens] vor; sie beeinflusst alle meine Organe, das Gedächtnis, das Sehvermögen, die Wahrnehmung, alles beginnt, schwächer zu werden. Hinzu kommt die Entmutigung, und so glaube ich, *dass ich nur Erleichterung finden kann, wenn ich mich mehr denn je in die Arbeit stürze und mir keine Zeit lasse, meinen Zustand zu reflektieren und zu spüren.*«[2]

In der Wahrheit wurde *sie* durch die Macht aufrechterhalten, obwohl sie dies im Laufe der Zeit immer häufiger leugnete. Nach 25 Jahren absoluter Macht war Maria Theresia das Regieren zur

---

1 Joseph II. wurde am 17. September 1765 zum Mitregenten ernannt.
2 12. Februar 1766; vgl. J.-P. Lavandier (Hg.), *Lettres*, a. a. O., S. 117. Hervorhebung von der Autorin.

Natur geworden. Die gemeinsame Regentschaft mit Joseph gestaltete sich deshalb auch nicht so, wie sie es erhofft hatte. Sie hatte das Ruhm- und Machtstreben ihres Sohnes unterschätzt. Der Konflikt zwischen dem jungen Mann, der für Modernität stehen wollte, und der Mutter, die Tradition verkörperte, war unausweichlich, zumal die politischen Ansichten beider sich als gegensätzlich herausstellen sollten. Die ersten Risse wurden 1766 erkennbar. Maria Theresia beklagte sich über Joseph, ohne ihn direkt zu erwähnen: »Ich habe noch zu viel Selbstliebe, [um] mich persiflieren oder [...] lächerlich machen zu lassen, was derzeit geschieht.« Einige Monate später: »Es scheint, als lebte ich bei meinem Sohn zur Miete [...]. Es scheint, als sei ich überall zu viel und eine Belastung.«[1]

Zwischen der Mutter, die ihren Sohn vergötterte, und der Kaiserin, die kein Quäntchen Macht aufgeben wollte, entstand ein für Maria Theresia psychologisch wie politisch nahezu unerträgliches Spannungsverhältnis.

Maria Theresias Interventionismus

Anweisungen vor der Hochzeit

Es war selbstverständlich und legitim, dass die Kaiserin und Mutter den vier jungen und unerfahrenen Töchtern, die sie zu verheiraten hatte, präzise Anweisungen gab. Diese bestanden aus Ratschlägen, wie man eine gute Ehefrau sei, und Hinweisen, wie man sich als Gattin eines Herrschers in einem fremden Land zu verhalten habe. Der erste Teil war für alle Töchter gleich: Sie sollten sich

---

1 Briefe an Sophie von Enzenberg vom 2. Juni u. 3. September 1766; ebd., S. 129 u. 146.

streng an ihre religiösen Pflichten halten und das Vertrauen ihrer Ehemänner gewinnen. Den letzten Punkt führte Maria Theresia vor allem in ihren Anweisungen für Maria Christina genauer aus: »Wir sind unseren Ehemännern unterworfen und schulden ihnen Gehorsam. Unser einziges Ziel muss sein, unserem Ehemann zu dienen, ihm von Nutzen zu sein, ihn zu unserem Vater und besten Freund zu machen [...]. Ihr wählt Euren Ehemann aus einer Neigung [...], vermeidet übermäßige Zärtlichkeit, die ihm zur Last fallen könnte [...]. Je mehr Freiheit Ihr ihm lasst, umso liebenswerter macht Ihr Euch und umso mehr wird er Eure Nähe suchen [...]. Seid immer ausgeglichener Stimmung, gefällig, freundlich [...]. Man muss ihn gut unterhalten und seines Vertrauens würdig sein. [...] Glückliche Ehen hängen von den Frauen ab [...]; erweckt vor allem nicht den Eindruck, ihn herumzukommandieren, und lasst ihn nie Eure Überlegenheit spüren [...].«[1]

Allen vier Töchtern empfahl sie entschieden, sich niemals in politische Angelegenheiten einzumischen. Zunächst seien sie dafür nicht ausgebildet und zweitens sei es nicht Aufgabe der Frauen, die Männer zu regieren. Derlei Äußerungen aus der Feder der Kaiserin überraschen. Joseph unterstreicht sie jedoch in seinen Empfehlungen an Karolina, Königin von Neapel: »Das erste Prinzip, das die Männer haben und das man sie lehrt, ist die Furcht davor, ihre Frauen wollten sie beherrschen [...]. Seid auch sanft und gefällig zu Eurem Ehemann. Je mehr er merkt, dass Ihr nicht regieren, sondern ihm nur gefallen wollt, umso zärtlicher wird er für Euch empfinden.«[2]

1 Adam Wolf, *Marie-Christine, archiduchesse d'Autriche, gouvernante des Pays-Bas,* Bd. I, Brüssel, 1881, S. 79–88.
2 22. September 1768; ÖStA HHStA, Nachlass Egon Caesar Conte Corti 1, N. 89, für sein Buch: *Ich, eine Tochter Maria Theresias. Ein Lebensbild der Königin Maria Karolina von Neapel.*

Derlei Ratschläge wurden von den drei Töchtern, die ausländische Herrscher heirateten, kaum oder gar nicht beachtet, und Maria Theresia selbst zeigte sich in dieser Hinsicht sehr ambivalent. Als sie den Ehevertrag für Josepha [später ersetzt durch Karolina] aushandelte, verlangte sie einerseits, ihre Tochter müsse nach der Geburt des ersten Sohnes einen Platz im Rat erhalten; andererseits sagte sie ihrer Freundin Madame de Ligneville: »Meine Tochter kommt nicht, um zu regieren. Sie wird abwarten, was ihr Ehemann von ihr will [...] und wird nichts ohne Befehle unternehmen. Im Gegenteil, solange sie unter meinem Einfluss steht, wird sie ausdrückliche Anweisung haben, nichts zu fordern und keine Kommission anzunehmen.«[1]

Genauso verhielt es sich mit Antonia: Die Kaiserin und Joseph beeinflussten sie hinsichtlich der Interessen Österreichs. Karolina, Amalia und Antonia heirateten schwache Männer, die alle nicht durch Charisma überzeugten. Zudem waren Ferdinand von Neapel und Ferdinand von Parma, im Gegensatz zu Ludwig XVI., sowohl faul als auch unfähig, zu regieren. Ersterer, da er keinerlei Bildung genossen hatte und nur an sein Vergnügen dachte; Letzterer[2], weil er in kindlicher Verehrung verharrte und keinen starken Charakter hatte. Angesichts dieser unfähigen Ehemänner gestattete Amalia sich, ihre Meinung durchzusetzen, und Karolina sah sich gezwungen, das Heft des Regierungshandelns zu ergreifen.

Maria Theresias Anweisungen für ihre drei Töchter, deren Ehen politische Gründe hatten, wurden den jeweiligen Sitten und Gebräuchen ihrer künftigen Länder angepasst. Berücksichtigt wurden der jeweilige Volkscharakter sowie besondere Situationen in

---

1 An Mme de Ligneville, 16. April 1767; KLA *Familie Orsini-Rosenberg 75*, Fasz. 64/351 b.
2 E. Badinter, *Der Infant von Parma oder Die Ohnmacht der Erziehung*, München, 2004.

den einzelnen Ländern. In Versailles galt es vor allem, Ludwig XV. zu gefallen und seiner in Wien so verachteten Geliebten, Madame du Barry, höflich zu begegnen. In Neapel musste man sich den Direktiven des spanischen Königs und dessen Stellvertreters, Minister Tanucci, unterwerfen. In Parma sollte dem Minister Du Tillot gehorcht werden, der von den Königen Spaniens und Frankreichs gemeinsam ausgewählt worden war. So lauteten die Anweisungen der Kaiserin, die vor allem wünschte, dass ihre Töchter in ihren neuen Ländern geliebt und respektiert würden.

Für ihre drei Söhne, die verheiratet wurden, galt das keineswegs. Joseph, Leopold und Ferdinand sollten regieren, der erste ein Kaiserreich und die beiden anderen die Toskana und die Lombardei. Diesen beiden erteilte der Vater die Ratschläge, sowohl für das Eheleben als auch für das Dasein als ehrlicher Mann und Herrscher. Franz Stephan hatte sie für Leopold niedergeschrieben; nach seinem Tod wurden sie an Ferdinand weitergegeben. Wie Maria Theresia beharrte auch er auf der Ausübung der religiösen Pflichten, doch Ton und Philosophie des Schriftstücks unterscheiden sich in entscheidenden Punkten. Franz Stephans Prinzipien waren die eines gläubigen Epikureers und entsprangen »der Liebe eines Vaters, der nur Euer Glück, Euren Frieden und Euer Heil vor Augen hat«.[1]

Zunächst erwähnte er die Lebensprinzipien: »Misstraut Euch selbst. Dies ist das Mittel, um nicht von der Selbstliebe verführt zu werden, die so häufig Schlechtes und nie Gutes bewirkt [...]. Eine Gefahr, die allen Prinzen mehr als anderen droht, sind die Schmeichler.«[2]

Er riet seinem Sohn, sich hinsichtlich der Frömmigkeit und der

---

1 *Anweisungen für meinen Sohn Leopold*, 15. Januar 1765; ÖStA HHStA *HausA FamA* 55–6, f. 28 r.

2 Ebd., f. 31 v-32 r.

guten Sitten makellos zu verhalten und dem Volk, das er regiert, ein gutes Vorbild zu sein. Er rief ihn auf, stets »eine zarte Freundschaft für [seine] Familie zu pflegen und [sich] nie von deren Oberhaupt zu trennen.« Weiter führte er aus: »Dessen Größe ist die Grundlage Eurer eigenen [...]. Eure gesamte Familie muss Euch teuer bleiben [...]. Mögen die Zwänge des Lebens auch zu verschiedenen Interessen führen, die Personen müssen sich doch immer lieben [...]. Ich befehle Euch, dass die Herzen stets verbunden bleiben und sich gegenseitig zu helfen und zu retten suchen«.[1] Er riet auch dringend zum Regieren mit »Gefälligkeit, Sanftheit und Höflichkeit [...] [und] dem Versuch, so viele Ausgaben wie möglich einzusparen«.[2]

In einem gesonderten Text mit dem Titel *Über die Ehe* schilderte Franz Stephan die Voraussetzungen einer glücklichen Ehe, »soweit dies möglich ist [...]«. »Das sicherste Prinzip ist es, die Erholung zu Hause stets allem anderen vorzuziehen, und um sich die nötigste Fürsorge angedeihen zu lassen, müsst Ihr den Wünschen Eurer Frau in allem gefällig sein. Solche Gefälligkeiten bringen noch die entferntesten Gemüter zusammen, und man gewinnt damit auf lange Sicht wenigstens den häuslichen Frieden [...] und das Vertrauen einer Frau, deren Herr man nicht mehr ist [...]. Nur alle Rücksicht, Höflichkeit, Gefälligkeit und Sanftheit kann Euch glückliche Tage bescheren.«[3] Mit anderen Worten: Es gilt, eine freundschaftliche statt eine autoritäre Beziehung zur Ehefrau zu entwickeln. Diese Ratschläge scheint er direkt aus seiner persönlichen Erfahrung mit Maria Theresia abgeleitet zu haben.

Dem jüngsten Sohn Ferdinand, der 1771 Maria Beatrice d'Este heiratete, gab Maria Theresia die Ratschläge des Vaters weiter und

1 Ebd., f. 34 r.
2 Ebd., f. 36 r.
3 Ebd., f. 42 r-v.

ergänzte sie um präzise politische Anweisungen für die Regentschaft des Herzogtums Mailand, beziehungsweise dafür, wie er die
Männer regieren lassen sollte, die von Maria Theresia eingesetzt
worden waren und ihr Vertrauen genossen (Firmian, Cristiani etc.).
Ferdinand sollte sich nicht einmischen – vor allem nicht in Verwaltung und Justiz –, weil Eingriffe in Gesetze, Sitten und Prinzipien
nur nach reiflicher Überlegung und Rücksprache mit Gelehrten zu
erfolgen hätten. Er sollte sich einige Jahre lang damit zufrieden-
geben, die Kaiserin in der Öffentlichkeit gut zu repräsentieren; in
letzter Instanz entscheide sie.[1]

Nach der Hochzeit: Überwachung und Spionage

Allen Kindern, die sie – zum Teil für immer – verließen und in ein
neues Land aufbrachen, empfahl oder befahl Maria Theresia, ihr
mindestens einmal wöchentlich zu schreiben, um ihr von allen
privaten und öffentlichen Ereignissen zu berichten. Die Kaiserin
wollte über ihr Verhalten und ihre Probleme alles bis ins kleinste
Detail wissen. Sie liebte es, wenn sie um Rat gefragt und ihr Rat
genau befolgt wurde. Leider geschah das nicht immer. Ihre Kinder
zwangen sich wohl zur wöchentlichen Berichterstattung, doch der
Inhalt der Briefe versteckte oft eher die Probleme, als sie offenzule-
gen. Maria Theresia ließ sich nicht täuschen. Um die Wahrheit he-
rauszufinden, hatte sie überall Vertraute, die sie heimlich mit Informationen versorgten und es sich nicht erlauben konnten, sie zu
belügen. Dazu gehörten zunächst die Botschafter und deren Frauen
in den Ländern, in denen ihre Töchter regieren, zudem die Berater,
die ihre Söhne begleitet hatten, aber auch Bedienstete ihrer Kinder

---

1   Ebd. 55–10, f. 112–125: *Anweisungen für die Regentschaft, 1773.*

137

oder gar einige ihrer Kinder selbst, die Brüder und Schwestern im Ausland besuchten.

Viele dieser Informanten sollten die Beziehung von Mutter und Kindern nicht verkomplizieren und schwächten die Vorwürfe so stark wie möglich ab. Das galt etwa für Graf Rosenberg, oberster Berater des toskanischen Großherzogs Leopold. Er mühte sich, die ständige Kritik Maria Theresias abzuschwächen. Diese kritisierte weniger Leopolds Verhalten und seine politischen Entscheidungen – er war gewiss der beste »Regent« ihrer Staaten – als vielmehr seinen Charakter. Sie hielt ihn für heimtückisch, hitzig, schmutzig, wenig galant im Umgang mit seiner Frau und nicht in der Lage, Widerspruch zu ertragen. Rosenberg, der Leopold sehr nahestand, stritt die mütterlichen Anschuldigungen ab und versuchte, ihn als charmanten, fleißigen und guten Ehemann darzustellen. Er sei ein Mann fester Überzeugungen, der von den Toskanern geliebt werde. Doch alles Lob des Mentors konnte Maria Theresias Meinung nicht ändern. Sie wollte Leopold die Leviten lesen, ohne dass Gründe dafür bekannt waren. Schon eine Reise Leopolds nach Lucca zum Besuch einer Oper brachte ihm Kritik ein. Der Erzherzog solle bei Hof bleiben, um ausländische Gäste anzulocken, und nicht »von Provinz zu Provinz ziehen, um sich zu amüsieren. Ich bin sehr einverstanden, dass er sich amüsiert, aber so, wie es sich gehört.«[1] Rosenberg bat sie, Leopolds Verletzlichkeit zu berücksichtigen; der Sohn der Kaiserin war sehr empfänglich für ihre seltenen Komplimente. Darauf reagierte sie heftig: »Ich schäme mich, dass mein Sohn empfindlich ist, wenn ich ihm einige Mängel aufzeige [...]. Ich kann schweigen, aber nie etwas gutheißen, das ich nicht gut finde [...]. Der Brief meines Sohnes scheint mir eher bitter als berührend. Außer mir

1 Brief Maria Theresias vom 21. Oktober 1766; KLA *Familie Orsini-Rosenberg* 77 u. 78. Enthalten sind die Kritik seitens der Kaiserin und die Antworten Rosenbergs, bes. 77, Fasz. 65/355 a-1.

stellt ihm niemand Hindernisse in den Weg, und das irritiert ihn.«[1] Weder Maria Theresias Vorwürfe noch ihre ironischen Reaktionen auf Leopolds hypochondrische Krisen endeten hier. Erst 1768, als er 21 Jahre alt wurde, erkannte sie, dass »er – in der Politik – viel Gutes und Solides hat, wenn er so fortfährt, wie er begonnen hat, doch er hüte sich, hierherzukommen«.[2] Sie erkannte zwar seine Verdienste an, hielt sich jedoch trotzdem nicht mit Kritik an der Erziehung ihrer Enkelinnen und der Auswahl der Ayos ihrer Enkel zurück. Die Informationen dazu erhielt sie von der Aya der Töchter Leopolds, Gräfin Starhemberg.

Maria Theresia wollte, dass drei deutsche Erzieher auf einen Italiener kommen sollten. Leopold war wütend auf Gräfin Starhemberg und wollte sie nach Wien zurückschicken. Maria Theresia war damit zwar unzufrieden, musste aber schließlich nachgeben. Leopold schrieb an Rosenberg: »Wenn die Kaiserin nicht aufhört, unter der Hand [mit der Starhemberg] zu korrespondieren [...], bleibt der Argwohn bestehen.«[3]

Das Misstrauen zwischen der Mutter, die wünschte, dass man sich ihr anvertraute und sie in allem um Rat fragte, und ihrem verschlossenen, wenig gesprächigen Sohn sollte bis zum Tod Maria Theresias anhalten. Als Kaiserin hatte sie ihm nichts vorzuwerfen, aber als Mutter demonstrierte sie ständig Gefühlskälte und Stimmungsschwankungen.

Als zweites Kind verließ Erzherzogin Karolina Wien und ging zu ihrem Ehemann Ferdinand von Neapel. Sie war noch keine 16 Jahre alt und musste sich an einem italienischen Hof voller Fallen und In-

---

1 Ebd.
2 Ebd. Am 2. Oktober 1772 schrieb die Kaiserin an Gräfin Herzelles, ihr Sohn sei »sehr vielversprechend« und »das vernünftigste aller Kinder gewesen«. Vgl. K. de Lettenhove (Hg.), *Lettres inédites*, a. a. O., S. 40.
3 An Rosenberg, [Mitte Juli]; KLA *Familie Orsini-Rosenberg* 78, Fasz. 65/363 c.

trigen zurechtfinden. Vor allem musste sie die Liebe eines Königs gewinnen, dem kein besonders guter Ruf vorauseilte. Ihre Mutter hielt ihn für kindlich und zerstreut. Sie wünschte sich, dass ihr eine erfahrene Frau zur Seite gestellt würde. Doch bei Hofe sah man es nicht gerne, dass eine Herrscherin aus dem Ausland ihre Königin kontrollierte, und Karolina hätte die Entsendung einer Aufpasserin vielleicht nicht gut aufgenommen. Die Kaiserin konnte diesen Plan also nicht umsetzen und beauftragte ihren Botschafter in Neapel, Ernst Kaunitz, und vor allem dessen Frau Leopoldine, ihrer Tochter zur Seite zu stehen und sie in die Sitten und Gebräuche einzuführen. Kaum war Karolina in Neapel eingetroffen, sprach Leopoldine ihr Urteil: »Ein kleiner Trotzkopf, der uns noch viel Arbeit machen wird.«[1] Zwei Monate später änderte sich ihr Ton plötzlich: »Die Königin verhält sich sehr gut und versteht sich bestens mit dem König […]. Sie wird viel Wundervolles leisten, da sie unendlich geistreich und sehr liebenswürdig ist. Ich fürchte, dass man sie zu sehr erschöpft […].«[2] Dies wiederholte sie gegenüber der Kaiserin, die antwortete: »Ich danke Ihnen für die Neuigkeiten über meine Tochter und ihre Situation. Ich bitte Euch, jeden Monat so weiter zu verfahren und hoffe, dass der Kurier in Zukunft pünktlicher ist […]. Wenn es etwas Besonderes gibt, würde es mich freuen, wenn Sie mir öfters schrieben, sogar mit berittenem Boten […]. Verlassen Sie sich darauf, dass ich Sie nie gegenüber meiner Tochter oder jemand anderem zitieren werde. Ihre Briefe sind nur für mich oder höchstens noch für Ihren Schwiegervater bestimmt.«[3]

Leopoldine hielt Wort und berichtete der Kaiserin alles: »Ich

---

1   Brief von Leopoldine Kaunitz an ihre Schwester, Eleonore von Liechtenstein, 2. Juni 1768; Židenice, *Lobkowitz-Archiv*, P 16/21.

2   An dies., 23. Juni 1768; ebd.

3   23. September [1768?]; Nationalarchiv (Tschechien, Prag), *RAM-Acta Clementina II* 1/20, f. 52 r.

wünschte, ich hätte immer die gleichen Neuigkeiten über die Königin, aber ich würde sie verraten, verschwiege ich die weniger [guten]. Seit wir in Portici sind, hat sie sich sehr verändert. Ich weiß nicht warum, aber ihre Leichtigkeit ist verschwunden und wir machen uns Sorgen.«[1] Weil Karolina den König vernachlässigte, den sie, wie Leopoldine berichtete, um den Finger wickeln konnte, oder weil sie »die nachlässigste, gedankenloseste Person war«, die man sich denken konnte – so Leopoldine gegenüber ihrer Schwester: »Sie ist nicht böse [...], hat aber die Makel all unserer Erzherzoginnen, sie ist kokett und mag Menschen, die sie hübsch finden. Sie gibt sich absichtlich mit den schlimmsten Hofdamen ab und macht sich mit diesen über andere lustig.«[2] Zusätzlich hielten Streiche und Ablenkungen sie von der Andacht ab.

»Ungeachtet meines Schmerzes über die Makel meiner Tochter«, antwortete Maria Theresia, »bin ich nicht weniger dankbar für die Offenheit, mit der Sie berichten [...]. Ich zähle auf Ihre Zuneigung und bin sicher, dass sie gemeinsam mit mir in meinem Interesse arbeiten und mich über alles informieren werden, was damit zu tun haben könnte«.[3]

Bis in den Sommer 1769 betrachtete Karolina die Gräfin Leopoldine Kaunitz als Freundin, welche ihr Vertrauen genoss.[4] Doch die Affäre um die nächtlichen Ausflüge des Königspaars auf kleinen Booten beendete dieses Vertrauensverhältnis. Die Kaiserin, die von Leopoldine auf dem Laufenden gehalten wurde,[5] löste einen Skandal aus, indem sie alles dem König von Spanien erzählte, der »ei-

---

1 11. Oktober 1768; ebd. 1/21, f. 29 r.
2 4. Oktober 1768; Židenice, *Lobkowitz-Archiv*, P 16/21.
3 17. November 1768; Prag, *RAM-Acta Clementina II* 1/20, f. 23 r.
4 Vgl. die freundschaftlichen Briefe Karolinas an Leopoldine Kaunitz, Prag, *RAM-Acta Clementina II* 2/23.
5 Leopoldine schrieb ihrer Schwester: »Ich muss der Kaiserin einen unguten Brief schreiben. Unsere kleine Königin wird verrückt [...]. Ich möchte weit weg sein, es

nen fulminanten Brief [nach Neapel] schickte und die Anweisungen [der Kaiserin] in Kopie beifügte«.[1] Die Anweisungen für die jungen Herrscher Neapels waren äußerst streng. Maria Theresia warf ihnen einen zügellosen Lebenswandel und fehlende Zurückhaltung vor. Sie habe »gewusst, dass ihre Tochter gesagt habe: Man wird nach Madrid und Wien schreiben, was hier los ist, wir werden Schilderungen davon erhalten, sie lesen und bekommen, was wir verdienen«.[2] Die Kaiserin hielt diese Äußerungen für skandalös, »hatte sie aber von einer so glaubwürdigen Person, dass sie leider nicht daran zweifeln konnte«. Karolina brauchte nicht lange, um die Verräterin zu identifizieren, zumal deren Ehemann gezwungen war, das Paar auf dessen nächtlichen Ausfahrten zu begleiten.

Maria Theresias Spionage und das Anschwärzen ihrer Tochter beim spanischen König brachten ihr einen zwar respektvollen, aber zugleich mit Vorwürfen gespickten Brief Karolinas ein. Das Ehepaar Kaunitz wurde wenige Monate später nach Wien zurückgerufen, und Karolina hielt sich fortan von den Abgesandten ihrer Mutter fern.

Amalia, die im Juli 1769 den Infanten von Parma geheiratet hatte, war in einer besonderen Situation. Das Herzogtum Parma gehörte damals zu Spanien, doch es befand sich kein Botschafter Wiens vor Ort. Die Kaiserin schickte nacheinander zwei Vertraute, die das Verhalten Amalias beobachten sollten: Baron Philipp von Knebel, der die Tochter von der Hochzeit bis in den April oder Mai 1770 begleitete, und Graf Franz Xaver Rosenberg, der sie 1771 und 1772 zweimal auf den rechten Weg zurückführen sollte. In diesem Fall

---

ist eine Schande […]. Am schlimmsten ist, dass sie sich über alles lustig macht, was man ihr sagt.« Židenice, *Lobkowitz-Archiv*, P 16/21.
1 Brief Karolinas an die Kaiserin, Portici, 6. Oktober 1769; BMT 3, S. 56, Anm. 3.
2 Ebd., S. 57.

kann man nicht von heimlicher Beobachtung oder Spionage sprechen, weil beide Männer offizielle Abgesandte Maria Theresias waren. Wahrscheinlich hatte die Kaiserin – wenigstens in den ersten Monaten nach der Hochzeit – jedoch weitere, geheimere Quellen in Gestalt der Wiener Hofdamen, die Amalia begleitet hatten. Knebel erwähnte Madame de Paar, die »hier viel Schlechtes getan hat«,[1] sowie Gräfin Kolowrat.[2] Beide waren noch 1770 in Parma. Nach ihrer Abreise könnte Prinzessin Malaspina, die erste Hofdame Amalias und von dieser gehasst, aber sehr geschätzt von Maria Theresia, als Informantin gedient haben. Tatsächlich existieren unverfängliche Briefe von ihr an die Kaiserin.[3] Sie beweisen, dass die beiden in schriftlicher Verbindung standen. Zudem verlangte Maria Theresia von ihren Briefpartnern, all ihre Schreiben zu heiklen und privaten Themen zu verbrennen, wie auch sie es mit entsprechenden Briefen tat, die sie bekam. Vor Knebels Abreise nach Parma hatte sie ihm klar gesagt, dass sie weiterhin über die Taten und das Verhalten ihrer Tochter informiert werden wolle. Wahrscheinlich gab es diesbezüglich also geheime, bisher unbekannte oder verschwundene Korrespondenz.

Als Antonia Wien am 21. April 1770 in Richtung Versailles und des französischen Dauphins verließ, den sie zwei Tage zuvor durch einen Stellvertreter geheiratet hatte, war sie gerade erst vierzehneinhalb Jahre alt. Maria Theresia konnte ihre Sorge nicht verbergen. Sie wusste um die Naivität und Leichtigkeit ihrer jüngsten Tochter, die am Hof von Versailles zahlreichen Fallstricken ausgesetzt sein würde. Das junge Mädchen war »sanft, hat[te] das Gemüt, das

---

1 Briefe Knebels an die Kaiserin, 14. Januar 1770 u. [Januar 1770]; ÖStA HHStA HausA Handarchiv Kaiser Franz I. 23–4, f. 48 v u. 54 v.
2 18. Januar 1770; ebd.
3 14. Mai 1170; ebd. 23–10.

es für seine Aufgabe braucht[e], [und war] ohne [eigenen] Willen, ohne die geringste Bitterkeit. Es lacht[e] und scherzt[e].«[1] Das war zu wenig, um die Fallgruben zu navigieren, die sie erwarteten. Das charmante, unerfahrene Mädchen ohne politische Kenntnisse musste von verlässlichen Begleitern umgeben werden. Maria Theresia bestimmte dazu ihren Abgesandten Graf Mercy-Argenteau und Abbé Vermond, der Antonia weiter unterrichten sollte. Die Kaiserin wusste allzu gut, dass die strikten Anweisungen, die sie ihrer Tochter zur monatlichen Wiederlektüre gegeben hatte, sowie ihre wiederholten Briefe über eheliche und religiöse Pflichten, aber auch über die Bildung, an der sie mit Vermond weiterarbeiten sollte, nicht ausreichen würden, um sich hinsichtlich Antonias Verhalten in Sicherheit zu wiegen. So erfand sie eine neue Spionagestrategie in Gestalt eines zweiten, geheimen Briefwechsels mit Mercy. Sie unterhielt also drei sehr regelmäßige Briefwechsel: einen mit ihrer Tochter, die ihr völligen Gehorsam zusicherte, oft aber nicht auf unangenehme Fragen antwortete; einen – offiziellen – mit ihrem Botschafter und einen dritten mit demselben, der intime Details über Antonia betraf. Diese Briefe zeigte sie manchmal Joseph II. oder Kaunitz und wünschte deshalb, dass »die intimsten Vertraulichkeiten auf gesonderten – geheimsten, wie sie sagte – Blättern stünden und nur für sie bestimmt seien, was durch die Wörter *tibi soli* angezeigt wurde«.[2]

Die Kronprinzessin konnte sich eine solche Strategie der Kaiserin nicht vorstellen, vertraute sich Mercy an und fragte ihn um

---

1   Fürstin Trautson an Gräfin Bentinck, 27. November 1769; Arnheim, *Familie Bentinck* 633.

2   A. von Arneth u. M. A. Geffroy (Hg.), *Marie-Antoinette. Correspondance secrète entre Marie-Thérèse et le comte de Mercy-Argenteau avec les lettres de Marie-Thérèse et de Marie-Antoinette*, Paris, 1874, Bd. I, S. 3 f. Vgl. auch die hervorragende Einleitung von Évelyne Lever in: dies., *Marie-Antoinette. Correspondance (1770–1793)*, Paris, 2005.

Rat – den sie jedoch nicht immer befolgte. Mercy »beauftragte Vermond, zum Grund ihrer Gedanken vorzudringen, und der Abbé widmete sich diesem Auftrag gewissenhaft. Schließlich schuf Mercy ein Netz aus Informanten im Umfeld Antonias, der Töchter Ludwigs XV. und sogar des Königs selbst! Darunter waren Kurtisanen, etwa die Marquise de Durfort, aber auch Kammerherren oder -frauen, die er bestach.«[1]

Nach jedem von Mercy gesteuerten Bericht schrieb Maria Theresia ihrer Tochter – oft recht unhöfliche bis scharfe – Briefe voller Befehle und Zurechtweisungen, als spreche sie mit einem Kind. Die künftige Königin gab sich noch immer unterwürfig, tat aber nur, worauf sie Lust hatte. Manchmal fragte sich Antonia, wie ihre Mutter so viele Einzelheiten über sie wissen konnte, ahnte jedoch nie, dass sie von den zwei Männern, denen sie vertraute, ausspioniert wurde.

Der 17-jährige Ferdinand heiratete als letztes Kind im Oktober 1771. Seine Braut war die vier Jahre ältere Beatrice d'Este, Tochter des Herzogs Ercole III. von Modena. Schnell dominierte sie ihren jüngeren, sehr in sie verliebten Ehemann, während sie gleichzeitig den Anschein erweckte, den Empfehlungen ihrer Schwiegermutter zu folgen. Ferdinand hing sehr an seiner Mutter, simulierte völlige Unterwerfung und vergaß nie, sie um Rat zu fragen, dem er häufig nicht folgte. Wie Leopold und dessen Frau waren auch Ferdinand und Beatrice von Vertrauten Maria Theresias umgeben, vor allem von Sigismund Khevenhüller und dessen Frau Amalia. Diese überwachte Beatrice und schickte regelmäßige Berichte an die Kaiserin, während ihr Mann sich Unstetigkeit vorwerfen lassen musste,[2] weil er es nicht wagte, die Kaiserin mit unangenehmen Informati-

---

1   É. Lever, *Marie-Antoinette*, a. a. O., S. 11. Mme de Durfort war ihrem Mann nach Wien gefolgt, der 1767–1770 dort Botschafter war.
2   Briefe Maria Theresias an Sigismund Khevenhüller; ÖStA HHStA *Sonderbestände*

onen über Neigungen und Verhalten Ferdinands zu erzürnen. Vielleicht schickte sie deshalb Rosenberg nach Mailand, als Ferdinand »ihre Autorität zu sehr ausdehnen« wollte; Rosenberg sollte »ihm Vorhaltungen machen und die Befehle der Kaiserin überbringen«.[1]

Ob in Anwesenheit der Khevenhüllers oder nach deren Abreise 1775 – Maria Theresia hatte genügend Ergebene in Mailand, die sie über das Verhalten ihres Sohnes in allen Einzelheiten informierten und dessen Arroganz, mangelndes Weltwissen, fehlende Hygiene und mangelnde Spiritualität kritisierten.

Mehr Kaiserin als Mutter

Die Interessen der Erbländer waren *fast* immer oberstes Kriterium bei den Entscheidungen, die Maria Theresia für ihre Kinder traf – egal, welchen Preis sie als Mutter dafür zahlen musste. Josepha war nicht das einzige Opfer der Politik. Als das Hochzeitsdatum heranrückte, gestand die Kaiserin, die sich zunehmend unwohler fühlte: »Ich kann sie nicht ansehen, ohne dass es mir das Herz zerreißt«.[2]

Den gleichen Herzschmerz verspürte sie, als ihre geliebte Karolina – der Ersatz nach Josephas Tod – im folgenden Jahr nach Neapel aufbrach. Im Fall der Eheschließungen von Amalia und Antonia verhielt es sich etwas anders: In diesen Fällen machte sich eher die Kaiserin Sorgen als die Mutter. Würden die beiden in der Lage sein, ihre Rolle würdig zu erfüllen und ihrer Mutter, aber vor allem der Kaiserin, alle Ehre zu machen?

Khevenhüller/Riegersburg 149–8. Vgl. auch dessen Brief an seine Frau Amalia vom 9. Dezember 1771, ebd. 165/7.

1 Depesche vom 14. März 1772; MAE *CP Autriche*, vol. 318, f. 226 r.
2 An Rosenberg, 12. Februar [1767]; KLA *Familie Orsini-Rosenberg* 77, Fasz. 65/355 a-2.

Als Kaiserin entschied sie auch, dass drei ihrer Kinder nie heiraten sollten: Marianna, Elisabeth und Maximilian. Beide Töchter wurden säkulare Äbtissinnen der Klöster Klagenfurt und Innsbruck, der Sohn Hochmeister des Deutschen Ordens. Im Fall der kränklichen, deformierten Marianna ist die Entscheidung der Kaiserin für den Zölibat verständlich,[1] aber die Gründe im Fall der beiden anderen sind schwerer zu verstehen. Glaubt man Fürstin Trautson, war Erzherzogin Elisabeth, bevor sie 1767 von den Pocken entstellt wurde, die schönste und charmanteste der kaiserlichen Töchter.[2] Mehrere Heiratsvorhaben wurden erwähnt, aber keines umgesetzt: 1767 war die Rede vom polnischen König Stanislaus Poniatowski, doch Katharina II. verhinderte dies. Auch mit dem Herzog von Chablais, Stanislaus' Cousin, wurde es nichts. Ludwig XV. schien nach dem Tod seiner Ehefrau 1768 an Elisabeth interessiert – auch um seine Töchter zu beschwichtigen, die über das Verhältnis mit seiner Mätresse du Barry entsetzt waren. Auch eine Hochzeit mit dem verwitweten Karl III. von Spanien stand im Raum, doch dieser wollte nicht wieder heiraten. Das letzte offizielle Ehegesuch stammte von Prinz Karl von Zweibrücken, wurde aber sofort abgelehnt – aus den gleichen Gründen wie zuvor bei Amalia.[3] Zudem befand die Kaiserin, die bereits vier Töchter verheira-

---

1   Wie erwähnt hätte Marianna gern Albert von Sachsen geheiratet, der jedoch ihre Schwester Maria Christina vorzog. Ab 1776 unterhielt sie einen intimen Briefwechsel mit einem Unbekannten, der jedoch 1785 starb. In einem selbst verfassten Text mit dem Titel *Selbstbekenntnis* erwähnte Marianna eine Leidenschaft, die allerdings platonisch blieb. Vgl. A. Innerkofler, *Eine große Tochter Maria Theresias*, a.a.O., S.57 f. Die Briefe des Unbekannten befinden sich in den Archiven des Elisabethinenklosters in Klagenfurt, *Sammlung der Erzherzogin Maria Anna*, Fasz. III/ 1–3.
2   Brief an Gräfin Bentinck vom 6. Februar [1767], also einige Monate vor der Pockeninfektion; Arnheim, *Familie Bentinck* 645.
3   München, 20. Februar 1771; MAE *CP* Bavière, vol. 154, f. 33 r-v. Vgl. die

tet hatte – davon eine, Antonia, wahrhaft königlich –, dass die Mitgiften sie ein Vermögen kosteten. Das sollte sich nicht fortsetzen. Diese Entscheidung erzürnte Elisabeth, die sich bereits beschwerte, man kümmere sich nicht um sie: »Ihrem Bruder Joseph, der sich ärgerte, dass sie nicht verheiratet war, antwortete sie: ›Aber warum kauft man mich denn nicht, wie man es bei meiner Schwester Christine gemacht hat?‹« Ihre Ausfälle wurden ihrer Mutter berichtet, die sich darüber sehr unzufrieden zeigte und ihr manchmal in ihren Gemächern Ratschläge erteilte.[1] Es ist nicht ausgeschlossen, dass Maria Theresia, die um Elisabeths Charakter (»immer sehr unklug, aufs äußerste extravagant«[2]) wusste, sich nicht besonders um deren Verheiratung bemühte, weil sie einen Skandal befürchtete ...

1773 erklärte sie gegenüber ihrem Sohn Ferdinand: »Maximilian ist keineswegs zur Ehe bestimmt«,[3] ohne einen Grund zu nennen. Der folgte ein Jahr später: »Er ist nicht der sanfte Ferdinand und er ist auch nicht dazu bestimmt, eine Ehefrau glücklich zu machen.«[4] Dieser Vorwand täuschte jedoch niemanden, genauso wenig wie die Aussage der Kaiserin gegenüber Rosenberg: »Er ist für den Zölibat und das Militär bestimmt«;[5] als schlösse das eine das andere aus! Die Entscheidung, Maximilian zum Nachfolger seines

---

Korrespondenz Lehrlachs mit Cornelius Nenny [November 1770-März 1771]; ÖStA HHStA *Kabinettsarchiv Nachlass Nenny* 2.

1 Erinnerungen des Beamten Durand an den Wiener Hof, 1772, MAE *CP Autriche,* vol. 336, f. 6 v.

2 So urteilte Leopold über seine Schwester in dem 1778 verfassten Text *Stato della famiglia,* zit. n. Adam Wandruszka, *Leopold II.: Erzherzog von Österreich, Großherzog von Toskana, König von Ungarn und Böhmen, Römischer Kaiser,* Wien, 1963, Bd. 1, *1741–1780,* S. 349.

3 Brief vom 12. August 1773; BMT 1, S. 200–221.

4 Brief vom 4. Mai 1774], gleichfalls an Ferdinand, ÖStA HHStA *HausA HE EFA* 24.

5 Anweisungen an Rosenberg, 27. April 1774; KLA *Familie Orsini-Rosenberg* 76, Fasz. 64/353 a.

Onkels Karl von Lothringen an der Spitze des Deutschen Ordens zu machen, hatte Maria Theresia noch vor dessen 14. Geburtstag getroffen, weil er bereits damals von seinem Onkel zum Koadjutanten des Ordens ernannt wurde.[1] Man weiß nicht, wie sich der junge Mann angesichts dieser Zukunftsaussichten gefühlt hat. Sein Bruder Leopold beschrieb ihn als guten Menschen, der für sich selbst lebe. »Im übrigen ist ihm alles gleichgültig, er lebt von einem Tag zum anderen, ruhig und zufrieden [...]. Er ist beim Publikum beliebt, gilt aber als schwach und wenig begabt«.[2] Maximilians eigene Meinung erwähnte Leopold nicht.

Hätte Maria Theresia für ihr letztes Kind eine andere Entscheidung treffen können? Es war keine Provinz mehr übrig, die seiner würdig gewesen wäre und in der er die Kaiserin hätte vertreten können. Die Position des Ordensmeisters war sowohl ehrenhaft als auch bequem. Maximilian hätte sich für ein säkulares Hochmeisteramt entscheiden können, wählte aber das religiöse. Am Tag vor seiner Inthronisierung vertraute seine Mutter ihrer Tochter Maria Christina an: »Der morgige Tag wird für mich noch einmal sehr berührend; ich kann mir nicht vorstellen, meinen Sohn als Kirchenmann zu sehen.« Nach der Amtseinführung sagte sie: »Ich kann Euch nicht sagen, mit welcher Andacht Euer Bruder in den Orden eingetreten ist. Ihr könnt Euch gut vorstellen, wie berührt ich war, umso mehr, als ich dem Grund im Herzen nicht zustimme.«[3]

---

1 8. Oktober 1769, zur Wahl Maximilians; MAE *CP Autriche*, vol. 312, f. 125 r, u. 9. Juli 1770 (vol. 313, f. 130 r). Offiziell wurde er von seinem Onkel, Prinz Karl von Lothringen, in sein neues Amt eingeführt. »Wer sich ihm näherte sah, dass er die Berufung zum Hochmeister nur unter Qualen erträgt« (18. Dezember 1771), ebd., vol. 317, f. 389, r-v.
2 A. Wandruszka, *Leopold II.*, a. a. O., Bd. I, S. 352.
3 Briefe vom 31. Juli und 1. August 1780; BMT 2, S. 470−472.

Widerstand gegen das Kaiserreich

Passiver Widerstand

Die Kinder der Kaiserin, vor allem jene, die weit weg von ihr lebten, reagierten nicht alle gleich auf die Befehle und Vorhaltungen,
die sie von ihr erhielten, obwohl sie selbst regierten (wie Joseph II.)
oder mit anderen Souveränen verheiratet waren. Alle fürchteten
sich jedoch davor, ihr zu missfallen. Nicht nur Antonia gab zu: »Ich
liebe die Kaiserin, aber ich fürchte sie, selbst aus der Ferne; selbst
wenn ich ihr schreibe, fühle ich mich ihr gegenüber nie wohl«.[1] Ihre
Schwester Karolina von Neapel, damals 61, sprach von ihrer Mutter
als der »erhabenen Maria Theresia«, deren Kinder sie zutiefst res-
pektierten, aber auch große Angst vor ihr hatten.[2]

Baron von Knebel schrieb in seinem Bericht über Amalias Verhalten in Parma: »Ich muss der Erzherzogin gerecht werden, sie
liebt Eure Majestät. Es ist das einzige Gefühl, das ich bei ihr ver-
stehe, [aber] ich wünschte, sie hätte überhaupt keine Furcht mehr.«
Hinzu fügt er, was Amalia ihm anvertraut hatte: »Seit einiger Zeit
erhielt sie nur so starke Ermahnungen, dass sie jedes Mal zitterte,
wenn die Post kam.«[3]

Fünf der Kinder gingen in einen passiven Widerstand, der un-
ausgesprochen blieb. Maria Anna floh vom Wiener Hof. Über sie
hieß es: »[S]ie lebt ganz für sich und zurückgezogen und sieht nur
einige Personen ihres Vertrauens. Sie trägt große Frömmigkeit zur
Schau […]. Jetzt beschäftigt sie sich mit einem gewissen Hofrat
Born, […] eine Sammlung oder ein Kabinett der Naturgeschichte

---

1 Brief von Mercy an Maria Theresia, 16. Januar 1773; vgl. A. v. Arneth u.
  M. A. Geffroy (Hg.), *Marie-Antoinette. Correspondance secrète*, a. a. O., Bd. I, S. 404.
2 Alexis de Saint-Priest, *Études diplomatiques et littéraires*, Paris, 1850, Bd. II, S. 297.
3 April 1770; ÖStA HHStA *HausA Handarchiv Kaiser Franz I.* 23–8, f. 3 r.

aufzubauen, das sehr schön und reichhaltig ist, und sie hat einen botanischen Garten in Schönbrunn [...]. Sie ist mit niemanden von der Familie verbündet, ist voller Misstrauen und Geheimnisse, lebt immer für sich allein mit ihrer Dienerschaft.«[1]

Sie mied ihre Mutter sogar und fühlte sich von ihr verachtet.

Leopold und Ferdinand taten – jeder auf seine Weise – alles, um Konflikte mit der Kaiserin zu vermeiden. Nur wenige Briefe von Maria Theresia an Leopold[2] sind erhalten, und auch wenige in die umgekehrte Richtung. Von Zurechtweisungen wissen wir aus der Zeit mit Rosenberg, der ständig bemüht war, das Verhältnis zwischen den beiden zu befrieden. Danach nahm oft Joseph den Platz des Vermittlers ein. Mutter und Sohn schienen einander zu meiden. Bei den Besuchen Leopolds und seiner Frau in Wien[3] war der Umgang höflich, aber unterkühlt, und Maria Theresia schien die Abreise der beiden nicht zu bedauern. Sie erklärte sogar, »erleichtert« zu sein. Zeichnete sich eine Meinungsverschiedenheit am Horizont ab, wie etwa die Erziehung ihrer Enkel, mit der sie im Namen Leopolds einen Dritten beauftragt hatte,[4] reagierte ihr Sohn aufgebracht und verletzt. Als guter Vater und Pädagoge wollte er diese Angelegenheit selbst in die Hand nehmen. Joseph, der Leopolds Haltung unterstützte, intervenierte und befriedete die Lage. Die Kaiserin forderte Leopold 1768 dennoch auf, seine Schwester Karolina auf ihr neues Leben als Ehefrau und Herrscherin von Neapel vorzubereiten, und 1772, Amalia auf den rechten Weg zurückzubringen. Leopold, der sich nicht gern in Familienstreitigkeiten einmischte

---

1 1778; A. Wandruszka, *Leopold II.*, a. a. O., S. 348 f.
2 Neun Briefe in BMT I; allerdings gibt es Hunderte an Ferdinand. Briefe von Leopold an seine Mutter finden sich im HHStA, v. a. im *HausA Familienkorrespondenz A 36/4*, u. in den *Sammelbänden* 10–1.
3 1770, 1775, 1776 und 1778.
4 Briefe Josephs an Leopold, 20. u. 23. Juli 1772; MTJ 1, S. 375 u. 378.

und Amalia nicht besonders zugetan war, gehorchte widerwillig. Es gelang ihm nicht.

Auch Ferdinand leistete passiven Widerstand, jedoch auf andere Weise. Mochte sie ihm Faulheit, Unachtsamkeit, verbale Entgleisungen oder Unbekümmertheit vorwerfen – er reagierte immer gleich: Er entschuldigte sich, gelobte Besserung und versicherte die Mutter seiner Zuneigung und Unterwerfung. Tatsächlich änderte er aber nichts und verhielt sich, als sei nichts geschehen. Doch seine zärtlichen Worte entwaffneten die Kaiserin.

Die Königinnen von Frankreich und Neapel machten es zunächst genauso, emanzipierten sich aber mit der Zeit. Die beiden jungen Mädchen, die weit von zu Hause weggingen, waren zu Fixpunkten ihrer jeweiligen Höfe geworden, und die Zurechtweisungen seitens der Mutter nahmen mit zunehmender Souveränität der Töchter ab. Zumal Maria Theresia, die früher von ihnen verlangt hatte, sich nicht in die Politik einzumischen, nun das Gegenteil wollte. Angesichts der Unfähigkeit des neapolitanischen Königs und der Allmacht des Premierministers Tanucci, eines Vertrauten des spanischen Königs, hatte die Kaiserin sichergestellt, dass Karolina nach der Geburt ihres ersten Sohns einen Platz im Ministerrat erhielt. So nahm diese zunehmend die Regierungsgeschäfte in die Hand. Antonia wiederum sollte nach Meinung Maria Theresias und Josephs II. die französische Politik zu ihren Gunsten beeinflussen, als im Rahmen der bayerischen Erbfolge 1778 ein Krieg gegen Preußen möglich schien. »Erinnert Euch, dass Ihr als Deutsche geboren seid«, rief man ihr ins Gedächtnis. Antonia gab sich Mühe, wurde aber von Ludwig XVI. trocken auf ihren Platz verwiesen.[1] In der Folge sollte sich zeigen, dass das keine gute Idee gewesen war.

---

1 Brief von Mercy an Maria Theresia vom 18. Februar 1778; vgl. É. Lever (Hg.), *Marie-Antoinette*, a. a. O., S. 311.

Um die schwierige Beziehung von Mutter und Sohn zu verstehen, die beiden die gemeinsame Regentschaft zur Hölle machte, müssen wir uns die vorausgegangenen Ereignisse in Erinnerung rufen. Die Geburt des Thronerben bedeutete für Maria Theresia großes Glück und Stolz. Sie liebte diesen Sohn, und er gab ihr Liebe zurück. Joseph identifizierte sich mit der allmächtigen Mutter weitaus mehr als mit seinem Vater, für den er nach dessen Tod eine Art Verachtung zeigte. Solange er der geliebte Sohn Maria Theresias und nicht der Mitregent der Kaiserin war, blieb ihr enges Verhältnis unangetastet. Dass er sich der bewunderten Mutter unterwarf und sie vielleicht sogar fürchtete, stand jedoch am Ursprung eines zweifachen Missverständnisses. Für die Kaiserin war die gemeinsame Regentschaft nur die Fortführung dieser Phase, für Joseph hingegen eine neue Ära der Emanzipation – zumal seine Mutter von der Trauer und vom Alter geschwächt war und er glaubte, der Aufgabe gänzlich gewachsen zu sein. Diese Ansicht teilten weder die Kaiserin noch deren Umgebung oder die ausländischen Botschafter. Josephs steife Art, seine Arroganz und sein Wunsch, dem militärischen Ruhm Friedrichs II. Konkurrenz zu machen, lösten einiges Misstrauen aus.

Nach Monaten der gemeinsamen Regentschaft berichtete der französische Abgesandte »den allgemeinen Eindruck vom Kaiser: Er redet immer von Recht, Ordnung, Wirtschaft und allen großen Prinzipien. So viel Weisheit wird bei einem jungen Prinzen nicht gern gesehen, und sein unflexibler Charakter wird kritisch betrachtet. Seine Leidenschaft für das Militär ist beunruhigend und lässt für den Frieden der Monarchie nichts Gutes ahnen. Man redet sich ein, dass die Kaiserin seinen Kriegseifer einhegen wird, so lange sie lebt, aber alle sind sich einig: Fehlte diese Prinzessin [Maria Theresia], liefe der Kaiser Gefahr, sich dem Wunsch nach seinem ersten Kampf hinzugeben, und entzündete damit ein Feuer.«[1]

Zwei Wochen später schrieb er: »Die Kaiserin ist immer noch nicht zufriedener mit den Neigungen des Kaisers, dessen Streben nach Unabhängigkeit täglich größer zu werden scheint. Sie sieht mit Unruhe, wie er die Autorität an sich zu reißen sucht und kaum Rücksicht auf sie nimmt; noch handelt es sich um geheimes Missfallen und nicht um mütterliche Vorhaltungen, aber es steht zu befürchten, dass die Stimmung sich verschlechtert und es zur Spaltung kommt.«[2] Er schloss mit den Worten: »Auf seine Herzensqualitäten kann man nur wenig zählen. Die gute Meinung, die er von sich selbst hat, wird ihm Veränderungen und Reformen eingeben [...], der Wille, zu befehlen, wird ihn Fehler machen lassen, vor allem, wenn er nicht mehr von seiner Mutter, der Kaiserin, beschränkt wird [...]. Sein Wunsch, sich hervorzutun und ein großer Mann zu werden, lässt eher eine stürmische denn eine friedliche Regierungszeit befürchten.«[3]

Die Verstimmungen und Stürme ließen nicht lange auf sich warten. Die Mutter und Kaiserin machte Joseph weiter Vorwürfe, sowohl hinsichtlich des privaten und religiösen Lebens als auch seines Verhaltens ihr gegenüber und seiner politischen Entscheidungen. Schon bald wurde der Dissens öffentlich, weil Maria Theresia sich bei ihren Freunden offen über die Differenzen mit Joseph aussprach. Zunächst beschwerte sich die Mutter ab 1770/71 immer mehr über das Verhalten ihres Sohnes. Als Herrscherin war sie vorsichtiger. Joseph geizte nicht mit Kritik, um seine politisch abweichende Meinung auszudrücken. Das reichte bis zu hitzigen Szenen,

---

1 Depesche von Bérenger an Choiseul, 15. Juli 1766, MAE *CP Autriche*, vol. 305, f. 203 f.
2 15. August 1766; ebd., f. 246 f.
3 Ebd., f. 248–279.

die bei Hof und unter den Gesandten die Runde machten. Joseph hatte keine Angst, seine Mutter zu konfrontieren, musste sich jedoch ihren Entscheidungen beugen – wobei er ihr faktisch vorwarf, gar keine Entscheidungen zu treffen und das Land nicht zu regieren.[1] Kurzum, die Kaiserin sei nicht mehr in der Lage, zu regieren, und solle ihm weichen! Weil er nicht das letzte Wort hatte und immer häufigere Eklats verhindern wollte, rächte er sich an der Kaiserin, indem er vor der Mutter floh.

In einem langen Brief Maria Theresias an Gräfin Herzelles beschrieb sie Josephs zunehmende Aggressionen ihr gegenüber: »Ich bin die Einzige, die ihm im Weg steht und ihn stört [...]. Wie kann ich mich mit meinem Sohn freundlich unterhalten? Er meidet alle Gelegenheiten, mich zu sehen oder mit mir allein zu sein. Es ist das Gleiche wie mit seiner Verstorbenen [die zweite Ehefrau, Josepha]. Er weiß, dass er mir gegenüber Fehler gemacht hat, und will nicht darauf zurückkommen, also meidet er mich [...]. Ich sehe ihn nur um halb acht Uhr abends, wenn die Spiele beginnen; danach isst er allein zu Abend [...]. Um nicht fruchtlos zu streiten, schweige ich zu allem und schlucke das Gift [...]. Er spricht nicht mehr wertschätzend oder freundschaftlich über mich. Im Gegenteil, und dabei zuckt er mit den Schultern [...]. Ich glaube, er hält mich für eifersüchtig auf seinen Ruhm [...]. So bin ich geschlagen und ständig in Aufruhr, gebe nach und lasse die Dinge schließlich laufen.«[2]

Joseph distanzierte sich seinerseits immer mehr von ihr. Er nutzte jede Gelegenheit, zu verreisen. Im Sommer inspizierte er die

---

1 Joseph beklagte sich am 14. März 1771 bei Leopold über die Tatenlosigkeit der Kaiserin, deren Berater einander widersprächen: »Kaum ist ein Problem gelöst, will man die Entscheidung wieder ändern [...]. Ich leide sehr darunter, dass nichts vorangeht.« »Ade, Ruhm und Ehre«, sagte er zwei Jahre später im gleichen Kontext. Vgl. MTJ I, S. 222 u. MTJ 2, S. 5 [April 1773].

2 1. März 1771, vgl. K. de Lettenhove (Hg.), *Lettres inédites*, a.a.O., S. 23–27.

Truppen in allen Erblanden; darüber hinaus besuchte er Leopold und Karolina in Italien oder Marie-Antoinette in Versailles und war jedes Mal monatelang von seiner Mutter getrennt. Zwar schrieb er ihr respektvolle Briefe, sprach aber wenig von Politik. Zudem ließ er Schloss Belvedere restaurieren, »um sich dorthin zurückzuziehen und auf seine Art zu leben [...] aufgrund der Unvereinbarkeit, die leider zwischen dem Wesen der Mutter und des Sohns bestand.«[1]

Maria Theresia machte einen Versöhnungsversuch. Sie schrieb: »Eure Absichten [...] können nicht zweifelhaft sein; sie werden immer von sehr überzeugenden Taten begleitet. Die meinigen sind Euch bekannt [...]. Ich habe nichts im Sinn als das öffentliche Wohl. So unterscheiden wir uns mit wahren Absichten [...] oft in unseren Meinungen, streiten und sind miteinander unzufrieden [...]. Wir beschäftigen uns mit den Fehlern des anderen, ohne unsere eigenen zu suchen und zu korrigieren [...]. Nennt mir ehrlich, schriftlich oder mündlich, wie ich Euch stets gebeten habe, meine Makel und Schwächen. Ich werde das Gleiche tun [...].«[2]

Wir wissen nicht, wie Joseph unmittelbar auf dieses Friedensangebot reagiert hat, aber es ist bekannt, dass die Konflikte und Streitigkeiten bis zum Tod Maria Theresias andauerten.[3] Je mehr Zeit verging, umso stärkeren Widerstand leistete Joseph gegen die

---

1 5. Oktober 1771; MAE *CP Autriche*, vol. 317, f. 172 v.
2 [November 1771]; MTJ 1, vol. I, S. 350 f.
3 MAE *CP Autriche*, vol. 322, 10. Juli (f. 19–21) u. 24. Juli 1773 (f. 92 r): »Josephs Autorität wird von Tag zu Tag stärker«, schrieb der Botschafter Kardinal Rohan und fügte hinzu, dass »die Königin oft wegen Josephs Charakter weint«. Nach seiner Ankunft in Wien notierte Baron de Breteuil am 19. April 1775 im gleichen Duktus: »Die letzten Militärentscheidungen gaben Anlass zu einem neuerlichen und heftigen Streit zwischen der Kaiserin und dem Kaiser [...]. Er verließ sie sehr wütend und trat seine Reise nach Kroatien an« (vol. 326, fol. 63 v). Am 16. Februar 1777 schrieb er noch: »Das Missverständnis besteht fort [...] und war in letzter Zeit weit deutlicher als normalerweise« (vol. 331, f. 86 r).

Politik seiner Mutter, indem er Initiativen ergriff, die sie dann zu-
rücknahm. Damit erniedrigte sie ihn. Er gab dies zurück, indem er
seine Dekadenz zur Schau trug oder seine Bewunderung für den
preußischen König, den größten Feind seiner Mutter, kundtat. Im
Gegensatz zu ihren Äußerungen ließ die Kaiserin jedoch nichts
oder fast nichts schleifen. Sie setzte sich in allen wichtigen Entscheidungen durch und riskierte dabei, den Sohn endgültig von der
Mutter zu entfremden.

Amalias Bruch

Seit ihrer Ankunft in Parma mischte sich Amalia in Dinge ein, die
sie nichts angingen, und offenbarte eine ausgeprägte Herrschsucht.
Sie wollte regieren und widersetzte sich der Politik des Premierministers Du Tillot, Marquis von Felino, der das Vertrauen und die
Unterstützung der drei Monarchen Karl III., Ludwig XV. und Maria Theresia genoss. Unter anderem führte sie ein Lotterleben und
wollte die Etikette abschaffen. Maria Theresia verlangte wütend
vom spanischen König, dem Großvater des Infanten, einzuschrei-
ten. Dessen sofort nach Parma entsandter Minister Grimaldi verfasste einen sehr kritischen Bericht über Amalia, die nach seiner
Meinung den gesamten Hof in Unordnung brachte.[1] Die Kaiserin
war besonders wütend, weil das Verhalten ihrer Tochter peinlich
war und sie Sorge hatte, Amalias schlechter Ruf könnte Antonias
bevorstehende Hochzeit gefährden.[2] In Wien äußerte man sich zu-

---

1 1. [September 1769]; ÖStA HHStA *HausA Handarchiv Kaiser Franz I.* 23–6,
   f. 36–44.
2 Zur gleichen Zeit war sie auch unzufrieden mit Karolina von Neapel, die sich einen
   wahren Krieg mit Premierminister Tanucci lieferte. 15. August 1769; vgl. BMT 3,
   S. 14.

nehmend kritisch über Parma – so sehr, dass Knebel, der Amalia schätzte und die Kaiserin zu streng fand, den großen Fehler beging, über die neue Infantin zu sagen: »Sie hatte das mütterliche Haus nun verlassen, war rechtlich nicht mehr abhängig von Madame ihrer Mutter und ist genauso Herrscherin in Parma, wie Eure Majestät es in Wien ist.«[1]

Ungeachtet der ständigen Bemühungen Knebels, die Mutter zu besänftigen und die störrische Tochter zu bändigen, eskalierte die Lage. Man schickte also Rosenberg nach Parma, um die Lage zu beurteilen. Er wollte den Konflikt beilegen und Amalia überzeugen, sich mit dem Premierminister zu einigen und die Etikette wieder zu beachten, musste aber äußerst unzufrieden wieder abreisen: »Sie hat dem Grafen Rosenberg in keinem Punkt nachgegeben [...]. Die Erzherzogin war der Meinung, sie würde sich durch Eingehen auf Rosenbergs Forderungen gegenüber Unterstützern und Gegnern gleichermaßen erniedrigen, weil man daraus schließen könne, sie sei von Eurer Majestät gezwungen worden.«[2]

Zwei Monate später zog Knebel eine strenge Bilanz von Amalias Charakter, den er auf ihre schlechte Erziehung zurückführte: »Ihr Ton ist absolut [...], ihr Herz und Geist sind abweisend [...]. Sie ist fromm, hat aber keine festen Prinzipien oder Moral [...]. Sie weicht der Wahrheit absichtlich aus [...] und wendet Listen an«,[3] schrieb er Maria Theresia, der er indirekt die Schuld gab, um Amalia zu entlasten. Er meinte, sie sei zu streng – um nicht zu sagen, lieblos – erzogen worden, was der Grund des Übels sei. Knebel flehte die Kaiserin an, den angedrohten Abbruch der Korrespondenz nicht in die Tat umzusetzen, sollte ihre Tochter hinsichtlich ihrer Schul-

---

1 Brief von Knebel an die Kaiserin, 23. September 1769; ÖStA HHStA *HausA Handarchiv Kaiser Franz I.* 23–4, f.189 r.
2 4. November 1769; ebd., f. 114 v-151 v.
3 9. Januar 1770; ebd., f. 60 r-65 r.

den lügen. »Zu große Strenge treibt ein erhitztes Gemüt zur Verzweiflung [...]. Unwahrheiten gehören zu dem Willen, Eurer Majestät zu gefallen, und sind eine Folge der anhaltenden Furcht, die zu beenden ich mich so sehr bemühe.«[1] Das reichte jedoch nicht, um Maria Theresia zu überzeugen. Entmutigt bat Knebel im März 1770 um die Beendigung seines Auftrags. Amalia, die den Warnungen der Mutter keine Beachtung schenkte, machte weiter wie bisher. Angesichts des Ungehorsams der Tochter schickte Maria Theresia Rosenberg mit einer Liste von 23 Beschwerdepunkten nach Parma. Er sollte ihr sagen, sie habe sich entweder zu unterwerfen, oder es käme zum Bruch mit der Mutter. Das Treffen muss mindestens stürmisch verlaufen sein.[2] Zunächst versuchte Amalia es mit Lügen und Ausreden. Angesichts der von Rosenberg gelieferten Beweise schrieb sie ihrer Mutter einen scheinbar gehorsamen Brief, änderte in Wahrheit jedoch nichts. Sie weigerte sich, »dem Minister blind zu gehorchen [...], weil mir das Wort gehorchen sehr missfällt«,[3] und änderte auch ihren Lebensstil und ihre Beziehungen nicht. »Verlöre ich das Leben, die Gnade meiner Mutter, die Freundschaft meines Ehemannes, das Glück meiner Tochter – ich würde lieber alles verlieren, als das zu tun, denn wenn ich einmal nachgäbe, wären Spanien, Frankreich, Österreich für immer Instrumente, um uns zum Handeln zu zwingen.«

Rosenberg hatte begriffen, dass Amalia mit ihrer Mutter brach – nicht umgekehrt. Dies erklärte er der Kaiserin mit den Worten: »Sie will jede Unterjochung und Abhängigkeit abschütteln, sowohl was die Könige von Frankreich und Spanien als auch Eure Majestät

---

1   13. März 1770; ebd., f. 11 v.
2   Er erreichte Parma am 15. April 1772 und reiste am 5. Mai wieder ab.
3   Brief Amalias an Rosenberg [Ende April 1772]; ebd. 23–13, f. 113 r-v. Du Tillot wurde 1771 entlassen. Der neue Minister, ein Gesandter des spanischen Königs, Marquis de Llano, kam am 23. April 1772 ins Amt.

betrifft, über die sie mir sagte, sie solle nur ihr Land regieren und sich nicht in Dinge einmischen, die sie seit ihrer Hochzeit nichts angingen [...]. Stellt Euch die unermessliche Unbeirrbarkeit der Infantin vor.«[1]

Amalia schickte Rosenberg brüsk zurück; der Infant weigerte sich gar, ihn zu verabschieden. Das Band war lange Zeit zerrissen und die Kaiserin gezwungen, ihre Drohungen wahrzumachen, um nicht das Gesicht zu verlieren. Über ein Jahr lang erhielt Amalia keinen Brief der kaiserlichen Familie. Wütend äußerte Maria Theresia: »Ich weiß, was es mich kostet, aber ich erfülle meine Pflicht [...]. *Für mich ist sie gestorben.*«[2]

Sieg der Muttergefühle

Wie man die Liebe der Mutter und die Nachsichtigkeit der Kaiserin gewinnt, hatte Maria Theresia selbst mehrmals verraten. Man müsse »mir die größte echte Zuneigung schenken, meinen Rat suchen und ihn befolgen«.[3] Vier ihrer Kinder hielten sich mehr oder weniger an diese Regel, aber alle eroberten letztlich ihr Herz.

Maximilian gelang dies als Letztem. Bis er 16 Jahre alt war, beurteilte Maria Theresia ihren Jüngsten recht streng. Auch gegenüber Rosenberg lobte sie ihn nicht. Dieser war beauftragt, Maximilian 1774/75 auf einer Reise begleiten, die zunächst nach Brüssel zu dessen Onkel Karl von Lothringen und später nach Versailles füh-

---

1   Brief vom 29. April 1772; ebd., f. 75 r.
2   Brief an Rosenberg, 4. Mai [1772]; KLA *Familie Orsini-Rosenberg* 76, Fasz. 64/353 c. Hervorhebung von der Autorin. Diese Erklärung wurde kaum einen Monat später konterkariert, als Maria Theresia Rosenberg nach Neuigkeiten von Amalia fragte, aber »ohne dass sie davon erfährt«. Brief vom 1. Juni 1772 77, Fasz. 65/355 a-2.
3   Brief an Maria Christina [Ende Dezember 1775]; BMT 2, S. 378.

ren sollte. Das Ziel war, den jungen, verschlossenen Mann weltgewandter zu machen. »Ihr müsst nur die Persönlichkeit meines Sohns Maximilian formen. Er hat Geist und Talente [...]. Er ist gut und frei von Lastern, aber sehr zurückhaltend; sein Äußeres und seine Ausdrucksweise sind äußerst ungünstig.«[1]

Etwas später beschrieb sie ihn gegenüber Rosenberg als zu träge, faul, nicht liebenswürdig, stets gähnend und gefühllos anderen gegenüber. Maximilians Bruder Joseph bestätigte diese Sichtweise: »Die Briefe meines Bruders an Ihre Majestät sind von schrecklicher Trockenheit, Kälte und Langeweile [...]. Keinerlei Gefühl. Macht ihn verliebt in eine verdiente, anspruchsvolle Person – dies ist das letzte Mittel gegen seine Gleichgültigkeit. Wenn das nicht hilft: Ade; man muss sich für immer davon verabschieden, ihn anders zu sehen, als er jetzt ist.«[2] Maria Theresia sagte sogar, er sei »von eisiger Kälte«.[3] Sie bemerkte aber auch: »Es fällt ihm schwer, mich zu verlassen. Ich kenne ihn und sehe es, aber er ist nicht so ausdrucksstark und zärtlich wie Ferdinand.«[4]

Während der zweiten großen Italienreise[5] schien Maximilian sich verändert zu haben – so Ferdinand, der sehr an seinem kleinen Bruder hing. Er fand ihn »erwachsen, wenn ich das sagen darf, und sehr zu seinem Vorteil verändert. Er ist immer noch naiv, fröhlich und direkt, hat aber seine Befangenheit insbesondere im Kontakt mit vielen Menschen verloren [...]. Er hat mit allen gesprochen und war zu allen höflich.«[6] Leopold machte die gleiche Beobachtung, doch hatte er von vornherein kein besonders gutes Bild sei-

---

1 27. April 1774; KLA *Familie Orsini-Rosenberg* 76, Fasz. 64/353 a.
2 An Rosenberg, 28. Juni [1774]; ebd. 77, Fasz. 65, 355 a-4.
3 An Ferdinand, 23. Juni [1774]; BMT 1, p. 282.
4 An Ferdinand, 28. April [1774]; ebd., S. 273.
5 April-Dezember 1775.
6 An Maria Theresia, 15. Mai 1775; ÖStA HHStA *HausA HE EFA* 34/4–8.

nes jüngeren Bruders. Rosenberg schrieb er: »Ich bin noch immer hochzufrieden mit meinem Bruder Maximilian.«[1] Auch Maria Theresia fand nach Maximilians Rückkehr nach Wien, er habe sich verändert, sei mitteilsamer, aufmerksamer, charmanter. »Ich bin auch sehr zufrieden mit Maximilian [...]. Zweimal wöchentlich empfangen wir Leute und er benimmt sich dabei wunderbar.«[2] Von nun an äußerte sie Stolz auf ihren Sohn, der militärische Ehren sammelte, aus ihrer Sicht »der beste Major der Armee«[3] war und auch immer weltgewandter wurde. Als er seinem Onkel Karl an der Spitze des Deutschen Ordens nachfolgte, befand sie: »Ich bin äußerst zufrieden mit ihm; er strengt sich an, studiert und gibt alles für sein Amt«.[4] Seine bevorstehende Tonsur zerriss ihr zwar das Herz, aber indem er sich den Entscheidungen der Kaiserin ohne Widerrede unterwarf, hatte Maximilian ihr einen Liebesbeweis erbracht, der beide näher zusammenbrachte. Von ihren beiden jüngsten Söhnen Ferdinand und Maximilian, die sie mehrfach miteinander verglich, war der erste mit Abstand ihr Favorit. Nicht weil er ihr besonders Ehre machte, sondern weil er die Kunst beherrschte, ihr zu gefallen und seine – wenigstens verbale – Unterwerfung und Zärtlichkeit auszudrücken. Er hatte früh verstanden, dass Maria Theresias Liebe am besten zu gewinnen war, wenn man ihr nie widersprach.

1 [18. Oktober 1775]; KLA *Familie Orsini-Rosenberg* 78, Fasz. 65/363 c.
2 An Ferdinand, 27. Juni [1776]; BMT 2, S. 32.
3 5. September [1776]; ebd., S. 45.
4 15. Juli [1780]; ebd., S. 282.

Die Kaiserin war keineswegs blind für die zahlreichen Fehler ihres Sohnes Ferdinand, die man ihr in allen Details berichtete. Sie reichten von verzeihlichen Makeln (mangelnde, »für seine Frau schreckliche«[1] Sauberkeit, Fresssucht, Streiche, Zankereien und Prügeleien, Vertrautheit mit den Bediensteten etc.) bis zu den schlimmsten Charakterfehlern: Er war träge, faul, gewalttätig, anmaßend, bezeichnete Minister »Llano als Novizen in der Kunst des Regierens, Ihr, die ihr es mehr seid als jeder andere, und die Ihr es wagt, ihn zu verurteilen [...]. Ihr zieht zu Recht den Hass jener auf Euch, die Ihr so bezeichnet.«[2] Schlimmer noch war Ferdinands Oberflächlichkeit; es fehlte ihm an Lebensregeln, spiritueller Lektüre und religiöser Praxis. Auf die wiederholten Ermahnungen reagierte er mit Bitten um Verzeihung und dem Versprechen, sich zu bessern – nicht ohne eine gewisse Unterwürfigkeit. Er sei »erfreut, dass Eure Majestät meine Entschuldigung angenommen hat«,[3] »von der Güte Eurer Majestät durchdrungen«[4] und habe »das Bedürfnis, alles nach dem Willen unserer anbetungswürdigen Mutter zu tun«.[5] Gerührt antwortete diese: »Welche Freude, welcher Trost, einen Sohn zu haben, der seinem Stand würdig zu sein verspricht, ein guter Christ, guter Sohn, guter Ehemann und guter Herr.«[6] Dass

---

1 An Ferdinand, 28. November [1771]; BMT 1, S. 90. Diese im von Arneth veröffentlichten Brief zensierte Stelle findet sich in ÖStA HHStA *HausA HE EFA* 24.

2 Undatiert [Ende 1771]; LMT 1, S. 89.

3 5. Januar 1773; ÖStA HHStA *HausA HE EFA* 34/4–4.

4 2. Februar 1773; ebd.

5 2. Juli 1773; ebd.

6 22. Mai [1772], Brief zum Geburtstag Ferdinands am 1. Juni; BMT 1, S. 125. Die Voraussagen Maria Theresias wurden mit der Zeit widerlegt. Ferdinand machte in Mailand keinen guten Eindruck. In seinen persönlichen Notizen von 1779 zeichnete Leopold ein wenig schmeichelhaftes Porträt des Bruders: »Ferdinand in Mailand ist ein sehr schwacher Mann, von wenig Verstand und geringem Talent, aber der von sich eine sehr hohe Meinung hat, ein Wirr- und Querkopf, der alles allein machen möchte, er rühmt sich, alles zu tun und läßt keinen anderen etwas

Ferdinand nie vergaß ihr seine Zärtlichkeit zu zeigen, dankte ihm Maria Theresia von ganzem Herzen: »Ihr Zuneigung zu mir durchdringt alles, urteilen Sie selbst, wie sehr sie mich berührt.«[1] Im selben Jahr 1772 zog sie eine positive Bilanz: »Das Unglück, das Ihr mir bereitet habt, ist klein, der Trost jedoch groß und jenseits meiner Erwartungen und Eures Alters. Für uns beide gibt es nichts zu wünschen, als dass Ihr in derselben Weise fortfahrt, glücklich seid und Eure gute alte Mutter auch glücklich macht, die Euch küsst und Euch aus vollem Herzen ihren Segen erteilt.«[2]

Die gegenseitige Liebe sollte bis zum Tod Maria Theresias dauern. Die Kaiserin war zwar nicht sehr zufrieden mit seiner Regentschaft in Mailand, aber Ferdinand hatte ihr von all ihren Söhnen gewiss die größte Zuneigung gezeigt, »so voller Aufmerksamkeit für meine Interessen und für das, was mir gefällt«.[3] Beispielsweise sorgte sich Ferdinand, weil Maria Theresias Fenster auch mitten im Winter offen stand. Sie reagierte »berührt angesichts der zärtli-

machen, von wenig Verstand, wenig Ordnung, wenig Arbeitseifer, zu zerstreut, unentschlossen und wirr. Er ist hart in seinen Grundsätzen, geldgierig, vom ersten Eindruck bestimmt, roh, hört die Leute nicht an, wenig Persönlichkeit, gewalttätig, keck, öffnet den Leuten die Briefe, mißtrauisch und tatsächlich hat seine Art, in den Geschäften vorzugehen und sein Benehmen die ganzen Leute seines Haushalts und das ganze Land in Mailand verärgert. Falsch, wenig wahrheitsliebend, ein großer Schwätzer, hat er sich verhaßt und lächerlich gemacht. Er möchte sich immer in alles einmischen, hat ein schlechtes Benehmen, seine Frau beherrscht ihn völlig und läßt ihn üble Ungerechtigkeiten begehen [...]. In Mailand sind alle sehr verärgert«. A. Wandruszka, *Leopold II.*, a. a. O., Bd. I, S. 353. Doch »[für Ferdinand] hegt sie [die Kaiserin] eine ganz außerordentliche Zärtlichkeit und obwohl sie sich sehr über ihn beklagt und alle seine Fehler kennt, bedauert sie ihn trotzdem und erzählt ihm alles wieder, gibt ihm in allem nach und unterstützt ihn, macht alles und er erreicht alles, was er will, glaubt ihm alles und gegen ihn haben immer alle anderen Unrecht.« Ebd., S. 338.

1 25. Juni [1772]; BMT I, S. 133.
2 31. Dezember [1772]; BMT I, S. 173.
3 30. Juli [1772]; ebd., S. 141.

chen Sorge um Eure alte Freundin [...]. Das Fenster ist nicht mehr geöffnet.«[1] Mehrfach dankte sie Gott, ihr diesen Sohn geschenkt zu haben,[2] »der immer zärtlich an seine alte Mutter denkt und die ihm dies genauso zurückgibt«.[3] Wenige Tage vor ihrem Tod schrieb Ferdinand seiner Mutter einen letzten Liebesbrief: »Ich schreibe direkt, nachdem ich die Nachricht erhalten habe, dass sie die *letzte Ölung* erhalten hat. Was ihr sagen, der lieben Angebeteten, und mehr noch, wenn möglich, der Mutter, über meine Herzensempfindungen in diesem schrecklichen Moment. Ihre Majestät ist mein *alles*, alle Gefühle, derer mein Herz fähig ist, sind in ihr vereint; sie ist mein einziges Ziel.«[4]

Besser kann man gar nicht ausdrücken, was dieser Verlust bedeutete.

Von den sechs Töchtern, die das Erwachsenenalter erreichten, bevorzugte Maria Theresia ganz offen die Königin von Neapel und Maria Christina. Karolina, die im April 1768 nach Neapel gegangen war, sah ihre Mutter nie wieder. Maria Theresia dachte voller Reue an sie. Die Kaiserin mochte sie auf dem Altar der Politik geopfert haben, indem sie sie mit dem ungeschliffenen Ferdinand von Neapel verheiratete, aber als Mutter weinte sie um ihre Tochter. Sie selbst legte offen, warum sie gerade dieser Tochter so verbunden war: Sie war ihr am ähnlichsten.[5] Am Tag vor Karolinas erster Geburt sorgte sie sich, etwas könnte schiefgehen: »Ich gestehe, dass ich mutlos bin, ich liebe dieses Mädchen sehr, sie spendet mir viel Trost.«[6]

---

1   24. Februar [1773]; ebd., S. 184.
2   1. Juni [1775], Ferdinands 21. Geburtstag; ebd., S. 329.
3   24. Februar [1780]; ebd., S. 253.
4   [24.] November 1780; ÖStA HHStA *HausA HE EFA* 34/4–13. Hervorhebungen im Original.
5   An Sophie Enzenberg, 23. März 1768; vgl. J.-P. Lanvandier (Hg.), *Lettres inédites*, a. a. O., S. 155.
6   Ebd., S. 188, 25. April [1772].

Später, als Maria Christina eine große Italienreise unternahm, um ihre Brüder (Leopold und Ferdinand) und Schwestern (Amalia und Karolina) zu besuchen, empfahl ihr die Mutter Karolina ganz besonders: »Ihr wisst, wie sehr mir Eure Schwester am Herzen liegt, und ich schulde ihr die Feststellung, dass sie mir – nach Euch – die größte echte Zuneigung gezeigt hat und meinen Ratschlägen folgen wollte«.[1] Maria Christinas Beschreibung der Schwester musste Maria Theresia bezaubert und ihre Gefühle bestärkt haben: »Ihr Herz ist schön, großzügig, groß und religiös; sie zeigt keinerlei Eitelkeit, ist fügsam, vielleicht zu ernst, aber lebendig in der Unterhaltung. Sie wird von allen geliebt [...].«[2]

Die Schilderung war vielleicht ein wenig beschönigt, doch die Autorin wusste der Mutter zu gefallen, die ihr mehrfach gesagt hatte, wie sehr ihr diese Tochter fehlte.

Es gibt viele Zeugnisse über Maria Theresias Liebe zu Maria Christina – nicht nur Briefe, sondern auch Taten. Sie ermöglichte ihrer Tochter das, wovon die anderen Prinzessinnen nur träumen konnten: eine Liebesheirat, viel Geld und einen politischen Status, der dem ihrer Brüder Leopold und Ferdinand gleichkam. Und sie behielt sie in ihrer Nähe. Für ihre geliebte Mimi galten die Gesetze der Kaiserin nicht; sie scherte sich nicht um diplomatische Zwänge und den Status der Ehepartner, der ihr bei den anderen Kindern so wichtig gewesen war. Maria Theresia interessierte nur das Glück ihrer Tochter.

Nichts wäre möglich gewesen ohne ihre sofortige Sympathie für den vierten Sohn Augusts III. (König von Polen, Kurfürst und Herzog von Sachsen). Der einfache Militäroffizier Albert traf im Dezember 1760 in Wien ein, um bei Hofe vorgestellt zu werden. Er

---

1 [Ende Dezember 1775]; BMT 2, S. 378.
2 Ungarisches Nationalarchiv (Budapest), *Sammlung verschiedener Schriften,* P 299-I.6/a.-A.I.14.

erfüllte alle Voraussetzungen, um Maria Theresia zu gefallen: Er war ernst, bescheiden, herausragend gebildet und religiös.[1]

Bei seiner Rückkehr nach Wien 1764 hatte sich Maria Theresias Sympathie in Zuneigung verwandelt. Sie ließ ihn in einem Nebengebäude der Hofburg unterbringen, lud ihn zu allen Jagdausflügen ein »und gestattete ihm sogar den täglichen Besuch ihrer Familienloge im Theater«.[2] So waren die beiden jungen Leute in ständigem Kontakt und verliebten sich ineinander. Maria Theresia beschloss, die beiden zu verheiraten, obgleich ihr Mann Franz Stephan seine Tochter für den Herzog von Chablais vorgesehen hatte. Dieses Hindernis wurde durch den verfrühten Tod des Kaisers im Sommer 1765 aus dem Weg geräumt.

Die Hochzeit fand am 8. April 1766 in Pressburg[3], der damaligen Hauptstadt Ungarns, statt. Zuvor hatte die Mutter ihrem künftigen Schwiegersohn einen ihrer Tochter angemessenen Status verliehen: Sie hatte ihm das Herzogtum Teschen übertragen und ihn zum Statthalter von Ungarn ernannt, wie es Franz Stephan bei ihrer Hochzeit gewesen war. Diese glückliche Anfangszeit ihrer Ehe konnte sie durch Maria Christina aufs Neue erleben. Um das Glück zu vervollständigen, stattete Maria Theresia das Brautpaar mit beachtlichen Finanzmitteln aus. Durand, Beauftragter der französischen Botschaft, berechnete die Summe wie folgt: »Mit der

---

1 [1770]; MAE *CP Autriche*, vol. 315, f. 38 v beschreibt ihn als »von sanftem Charakter, liebenswert und sehr umgänglich […]. Von mittleren Talenten und wenig Einfluss auf die Politik.«

2 Albert von Sachsen-Teschen, *Mémoires de ma vie*, Bibliothek Albertina (Wien), OLP 298, Bd. V., S. 553.

3 Pressburg, heute Bratislava, Hauptstadt der Slowakei, war 55 Kilometer von Wien entfernt. Einige Tage nach der Hochzeit beglückwünschte sich Maria Theresia dazu, dass ihre Tochter „die Gegenwart ihres zärtlichen Ehegatten genießen konnte, der Lohn all meiner Bemühungen, die mich seit zwei Jahren umtreiben". An Maria Christina, 18. April [1776]; BMT 2, S. 365.

Hochzeit Prinz Alberts von Sachsen hat die Kaiserin ihm ein Einkommen von 200 000 Florin zugesagt, das auf seine männlichen und weiblichen Nachkommen übertragen wird. Zusätzlich soll er eines Tages Prinz Karl von Lothringen in der Verwaltung der Niederlande nachfolgen und dafür auch Bezüge erhalten [...]. Die Wahl dieses Prinzen für ihre Tochter dürfte die Kaiserin also über zwölf Millionen Florin gekostet haben.«[1] Da sie die beiden sehr liebe, so fuhr er fort, mache sie ihnen zudem unaufhörlich großzügige Geschenke und verursachte damit viel Eifersucht innerhalb der Familie ...[2]

Kaum waren die beiden verheiratet, bat Maria Theresia ihren Schwiegersohn, sie »Meine liebe Mutter« zu nennen. Das war keine bloße Formel. Sie liebte Albert wie ihren eigenen Sohn – nicht nur aufgrund seines Charakters, sondern auch, weil er ihre Tochter glücklich machte: »Sie ist glücklich, zu Euch zu gehören. Das ist mein einziger Trost. Christina war in den acht Monaten seit Franz Stephans Tod meine treue Begleiterin, meine Freundin und Stütze. Es fällt mir zwar schwer, mich von ihr zu trennen, aber ich werde durch den Gedanken entschädigt, dass sie Euch glücklich macht.«[3] Am selben Tag schrieb sie ihrer Tochter: »Ihr seid ständig in meinen Gedanken [...]. Heute Nachmittag ist mir etwas Kindisches passiert: Als Eure Schwestern um drei Uhr zu mir kamen, glaubte ich, meine liebe Mimi zu sehen.«[4]

1   13. November 1770; MAE *CP Autriche*, vol. 314, f. 259 v-260 v.
2   [1770–1771]; MAE *CP Autriche*, vol. 315, f. 38 v. Durand notierte, Maria Christina profitiere »von der Zuneigung ihrer Mutter, die sie oft in Pressburg besucht und ihr immer große Summen zukommen lässt, was dem sparsamen Kaiser sehr missfällt«.
3   Brief an Albert von Sachsen, 18. April 1766, zit. n. A. Wolf, *Marie-Christine*, a. a. O. Bd. I, S. 76.
4   Ebd., S. 77.

Sie vermisste Mimi und Albert. Wenn die beiden nicht nach Wien oder Laxenburg kommen konnten, reiste sie deshalb nach Pressburg. Sie ließ ihre Sachen dort und blieb manchmal nur 24 Stunden, um die Anwesenheit ihrer Kinder zu genießen. Mit der Zeit wurde das Paar für sie immer unverzichtbarer. In einem späteren Brief an ihre Tochter lobte sie ihren »geliebten [Schwieger-]Sohn [...]. Ich kenne seinen hervorragenden Charakter, seine schöne Seele, sein einzigartiges Herz [...]. Er hat Euch glücklich gemacht, erträgt geduldig mein langweiliges Altsein, bietet mir einen Rückzugsort, wenn ich erschöpft bin. Könnte ich je ohne all diese Wohltaten sein [...]?«[1]

Das Paar hatte Wien kaum verlassen und seine große Italienreise angetreten, da sprach Maria Theresia schon von Verzweiflung und Einsamkeit: »Ihr beide wart mein einziger Trost und meine Freunde [...]. Wenn ich Euch wiedersehe, wird meine Freude nicht gering sein, da ich seit Eurer Geburt noch nie so lange von Euch getrennt war«.[2] Dennoch hatte sie die beiden zu dieser Reise ermutigt, denn so bestand die einmalige Möglichkeit, Berichte über ihre in Italien lebenden Kinder, deren Partner und ihre Enkelkinder zu erhalten – von der Person, der sie am meisten vertraute. Mutter und Tochter schrieben einander manchmal mehrere Briefe pro Woche, und doch schien Maria Theresia die Abwesenheit Christinas ewig zu dauern. Nach vier Monaten schrieb sie: »Ich kann den Moment [unseres Wiedersehens] nicht erwarten; ich bin wie ein Kind von zwölf Jahren, ich kann nicht schlafen, weil es mich so beschäftigt. Ich wäre gern vernünftiger, aber es ist stärker als ich.«[3] Am gemeinsamen Geburtstag der beiden, dem 13. Mai, überschnitten sich ihre Briefe. Maria Theresia antwortete Mimi: »Wir sind einander

1   An Maria Christina, 4. Oktober [1771]; BMT 2, S. 372.
2   [Ende Dezember 1775]; ebd., S. 376 u. 381.
3   8. April [1776]; ebd., S. 420.

begegnet, oder unsere Herzen fühlten deutlich die Abwesenheit, besonders am 13.«[1]

Bis an ihr Lebensende pflegte die Mutter diese Vorliebe für ihre Tochter. Für Maria Anna oder Elisabeth, die bei ihr geblieben waren, empfand sie bei weitem nicht so. Noch wenige Monate vor ihrem Tod reiste sie nach Pressburg: »Ich denke an nichts anderes, als bei Euch zu sein, die Ihr mich so großzügig unterstützt.«[2] Einen Tag bevor Maximilian seine Tonsur erhielt, berichtete sie der Tochter, wie schwer ihr dies fiel, doch »Euch glücklich zu wissen, stützt mich in allem, ohne dies freue ich mich nur noch daran, allein in meinem Zimmer zu sein.«[3] All diese Aussagen, von denen es noch mehr gibt, beweisen, dass das Glück ihrer Tochter für sie ein wichtiges Ziel war und die Mutter sich hierin über die Kaiserin erhob.

1   13. Mai [1776]; ebd., S. 436.
2   7. April [1780]; ebd., S. 458.
3   4. Juli [1780]; ebd., S. 467.

EPILOG

Die Bilanzen des Lebens der Kaiserin und der Mutter fallen nicht in eins, weil ihre Ziele, Beweggründe und Gefühle so verschieden sein konnten. Zu Maria Theresias Lebzeiten kümmerte man sich wenig um Muttergefühle, und die – seltenen – Konflikte zwischen beiden Rollen fielen geringer aus. Wir haben gesehen, dass sie während ihres gesamten Lebens als Mutter mehrfach und mehr oder weniger unglücklich gegen sich selbst kämpfte. Zwei Jahre vor ihrem Tod konfrontierte sie sich mit ihrem letzten inneren Konflikt – dem vielleicht schmerzlichsten von allen.

Das letzte Aufbäumen der Kaiserin

Die Kaiserin beschrieb sich selbst als körperlich, geistig und psychisch sehr geschwächt; helfen würde nur die äußerst intensive religiöse Praxis. Die von außen auf sie gerichteten Blicke waren nicht weniger streng, im Fall ihrer Söhne Joseph und Leopold sogar grausam. Ihr Mitregent Joseph hielt sie schon lange für unfähig, zu regieren und gute – also seine – Entscheidungen zu treffen. In zahlreichen Briefen an Leopold, dem er grenzenlos vertraute, beschwerte er sich über die Mutter und drohte, abzudanken und ihr die gesamte Bürde zu überlassen.

Der letzte Konflikt zwischen der Mutter und dem Mitregenten, dem Sohn war der schwerwiegendste, weil es dabei um Krieg oder Frieden ging. Als der bayerische Kurfürst Maximilian III. Joseph am 30. Dezember 1777 ohne Nachkommen starb, hatte Joseph schon lange davon geträumt, das Reich der Habsburger bis nach Niederbayern auszudehnen. Maria Theresia, die einen neuen Krieg fürchtete, mahnte zur Vorsicht, doch Joseph ließ seine Truppen in Bayern einmarschieren. Friedrich II. erklärte sofort, er werde diese Annexion nicht zulassen. Am 14. März 1778 informierte Maria Theresia Joseph, sie werde sich nicht in einen Krieg hineinziehen lassen: »Ich bin bereit, alles zu tun, um dieses Unglück noch rechtzeitig zu verhindern, bis zur eigenen Erniedrigung. Man mag behaupten, ich redete wirres Zeug, sei schwach oder zaghaft – nichts wird mich davon abhalten, Europa aus dieser gefährlichen Situation herauszureißen.«[1] Joseph wollte davon nichts hören, und wie sie befürchtet hatte, fiel der preußische König am 5. Juli in Böhmen ein. Nun herrschte Krieg.

Noch ehe der erste Schuss fiel, sandte Joseph seiner Mutter alarmierende Berichte, die wie Hilferufe klangen: »Der Feind ist überall und viel stärker als wir.«[2] Joseph, der Krieg nur theoretisch kannte, hatte offensichtlich Angst. Maria Theresia fürchtete ihrerseits um das Leben ihrer Söhne, denn nicht nur Joseph, sondern auch Maximilian und ihr Schwiegersohn Albert nahmen an dem Krieg teil. Joseph wollte dennoch nicht aufgeben, weil er die öffentliche Erniedrigung fürchtete. Er drängte Leopold, nach Wien zu reisen und die Mutter von dieser Haltung zu überzeugen, doch Maria Theresia verhandelte heimlich mit Friedrich II., ihrem größten Feind, auch wenn sie dafür ihren Stolz überwinden musste.

1   MTJ 2, S. 187.
2   11. Juli 1778; ebd., S. 333.

Sie schrieb dem König und flehte ihn um Frieden an. Erst am nächsten Tag erzählte sie Joseph davon.

Dieser reagierte mit seltener Heftigkeit: »Ich befinde mich in der schrecklichsten Lage. Die Ehre der Monarchie, ihr Ansehen und meines [sind] kompromittiert; wenn ich beides retten will, [sehe ich mich] in der traurigen Notwendigkeit, unsere Meinungsverschiedenheit öffentlich zu demonstrieren und die *persönliche Schwäche* Eurer Majestät zu bestätigen, um den Fortbestand des Staates zu sichern.«[1] 24 Stunden später sprach er zudem von einer »Erniedrigung und dem schwächsten Vorgehen, das man sich vorstellen kann [...]. Es ist ein Schlag [...]. Ich werde das nie begreifen.«[2]

Dank der Energie und Klarsicht der Kaiserin wurde am 13. Mai 1779 der Frieden von Teschen geschlossen. Maria Theresia hatte eine Katastrophe für ihren Sohn und ihre Erblande verhindert. Dennoch verzieh ihr Joseph diese Demütigung nie. Da er nicht mit der Kaiserin brechen konnte, rächte er sich an seiner Mutter, indem er ohne Absprache ihrer größten Rivalin, Katharina II., den Hof machte. Maria Theresia war sehr gekränkt. Gerade erst hatte sie eines der schlimmsten Dilemmata ihres Lebens durchgemacht: den geliebten Sohn[3] lächerlich machen, auf den sie so stolz war, oder einen erneuten Krieg unterstützen. Sie hatte ein letztes Mal gewonnen und war zugleich untröstlich.

---

1 15. Juli 1778; ebd., S. 342. Hervorhebung von der Autorin.

2 16. Juli 1778; ebd., S. 345. Vgl. MAE *CP Autriche*, vol. 336, f. 367 v-368 r, 29. Juli 1778: »Der Kaiser war außer sich vor Wut [...]. Er sagte ihr, er werde sich als Untertan Ihrer Majestät unterwerfen [...]. Aber als ihr Sohn der Kaiser werde er nicht an diesen Verhandlungen teilnehmen.« Und: »Er hat sich den heftigsten und für die Kaiserin erniedrigendsten Gedanken hingegeben.« 31. August 1778; vol. 337, f. 88 r.

3 An Lacy schrieb sie am 18. August 1772: »Ich liebe ihn, obwohl er mich quält.« Vgl. A. v. Arneth, *Geschichte Maria Theresias*, Bd. IX, Wien, 1879, S. 621, Anm. 823.

Kurz nach Josephs Rückkehr von seinem Aufenthalt in Russland[1] starb Maria Theresia im Kreis all ihrer in Wien lebenden Kinder am 29. November 1780.

Der Riss zwischen den Brüdern

In ihren letzten Lebenstagen erteilte die Kaiserin, die immer noch bei klarem Verstand war, Joseph, Maria Christina, Albert, Maximilian, Elisabeth und Maria Anna Anweisungen. Alle weinten, auch Joseph, der »sie keinen Augenblick allein ließ, weder tagsüber noch nachts«.[2] Zu ihren letzten Wünschen gehörte, dass die Geschwister um Joseph, den künftigen Herrscher, vereint sein sollten. Doch am Tag nach ihrem Tod galten die Schwüre vom Vortag nichts mehr. Joseph hielt sich nicht in allen Punkten an das Testament der Kaiserin – vor allem was ihr Erbe[3] und das Versprechen geschwisterlicher Verbundenheit betraf. Die Konflikte zwischen den Geschwistern wurden ab Januar 1781 deutlich, zunächst unter den in Wien befindlichen Kindern. Joseph ließ seine Schwestern Maria Anna und Elisabeth wissen, sie seien in der Hofburg nicht mehr willkommen. Er wollte ihre Wohnbereiche in Büros umwandeln lassen. Noch ehe er die beiden bat, Wien zu verlassen, hatten diese jedoch beschlossen, sich in ihre Klöster zurückzuziehen – Marianna nach Klagenfurt und Elisabeth nach Innsbruck – um nicht »unter der Fuchtel ihres Bruders«[4] zu stehen.

---

1 Er kehrte nach viermonatiger Abwesenheit am 20. August 1780 nach Wien zurück und hatte nur dithyrambische Elogen der Zarin auf den Lippen, die er von allen Herrscherinnen am meisten schätzte.
2 29. November um 11 Uhr nachts, MAE *CP Autriche*, vol. 341, f. 357 r.
3 Maria Theresia hinterließ 363 Millionen Florin an Schulden.
4 6. Januar 1781; MAE *CP Autriche*, vol. 342, f. 3 v. Beide verließen Wien im April.

Gegen Josephs Willen lehnte Maximilian das Testament seiner Mutter ab. Joseph machte das mehr zu schaffen, als er zugab. »Die beiden Brüder hatten lebhafte Auseinandersetzungen. Ein weiterer Grund des Konflikts: Joseph hatte Maximilian ausrichten lassen, er müsse ihm die beachtlichen Ausgaben des österreichischen Staats für die Wahlen seiner Koadjutanten zurückerstatten. Maximilian ließ antworten, er sei minderjährig gewesen, als diese Ausgaben getätigt wurden, sie seien von Maria Theresia angeordnet worden und er würde sie nicht zurückzahlen. Die Brüder vertragen sich so schlecht, dass Maximilian erklärte, er wolle sich nach Mergentheim zurückziehen.«[1] Was er am 20. März auch tat.[2]

Joseph behandelte Maria Christina, die er nicht leiden konnte, mit einer Lässigkeit, die diese beunruhigte. Als Joseph eine Reise in die Österreichischen Niederlande geplant hatte, schrieb er seiner Schwester vier Tage vor der Abreise, er werde die – seiner Schwester und deren Mann Albert obliegende – Regierung der Niederlande übernehmen und sie solle nichts dagegen tun. »Dieser Umsturz im letzten Moment hat der Prinzessin großen Schmerz und Unruhe bereitet«.[3] Der französische Beauftragte notierte: »Der Kaiser scheint Veränderungen aus reinem Vergnügen und zur Ausnutzung seiner Macht vorzunehmen.«[4] Maria Christina fürchtete den Kaiser, von dem sie und ihr Mann nun abhängig waren, nicht zu Unrecht. Sie sollten noch viele Gelegenheiten haben, sich über seine Politik[5] und sein Verhalten zu beschweren, ohne etwas daran ändern zu können.

---

1   11. Februar 1781; ebd., f. 70 r-v. Bad Mergentheim war die Residenz der Hochmeister des Deutschen Ordens.
2   14. Juli 1781; ebd., vol. 343, f. 65 v. Der französische Beauftragte notierte, Maximilian sei mit dem Kaiser höchst unzufrieden und von diesem gar entfremdet.
3   3. Mai 1781; ebd., vol. 341, f. 288 r.
4   16. Juni 1781; ebd., vol. 343, f. 21 v-22 r.
5   Besonders im Zuge der Brabanter Revolution 1789, die durch die Reformen Josephs II. ausgelöst wurde.

Das Verhältnis Josephs II. zu seinen außerhalb Wiens lebenden Geschwistern war nicht besser. Schon 1774 bemerkte der französische Gesandte: »Niemand in seiner Familie kann sich rühmen, seine Zuneigung wenigstens zu einem gewissen Grad zu genießen.«[1] Bis 1778 äußerte sich Joseph II. dennoch oft positiv über Leopold und schenkte ihm volles Vertrauen. Als der vom Bruder nach Wien gerufene Leopold sich jedoch weigerte, dessen Kriegstreiberei gegenüber der Mutter zu unterstützen, brach Joseph brutal mit ihm. Leopold erklärte, sofort abreisen zu wollen.[2] »Der Grund der vorzeitigen Abreise«, so Baron de Breteuil, »war ein heftiger Streit zwischen dem Kaiser und dem Großherzog. Der Kaiser beschuldigte seinen Bruder, ihn zu hintergehen und ihm gegenüber Dinge gutzuheißen, die er gegenüber der Kaiserin verteufele«.[3] In anderen Worten: Er habe ein doppeltes Spiel gespielt. Das Zerwürfnis war endgültig. Die Brüder beendeten ihren freundschaftlichen Briefwechsel und sahen sich nur einmal 1788 anlässlich der Hochzeit von Leopolds ältestem Sohn Franz wieder.[4]

Zurück in Florenz brachte Leopold seine Eindrücke von den Familienmitgliedern zu Papier. Er beschrieb eine alternde, sehr niedergeschlagene Kaiserin mit Gehör- und Gedächtnisschwund, die zurückgezogen in ihren Gemächern lebte. Dann zeichnete er ein entsetzliches Porträt Josephs: »Er ist ein harter, gewalttätiger Mann, voll Ehrgeiz, der alles sagt und tut, um gelobt zu werden und damit man von ihm in der Welt spricht. [...] Er duldet keinen Widerspruch und ist voll willkürlicher, gewalttätiger Grundsätze und des stärks-

---

1 [1771–1777]; MAE *CP Autriche*, vol. 326, f. 6 r.
2 Die Abreise verzögerte sich, weil seine Frau Anzeichen einer Schwangerschaft zeigte.
3 24. Dezember 1779; MAE *CP Autriche*, vol. 336, f. 434 r-v.
4 Franz regierte nach dem Tod seines Vaters Leopold unter dem Namen Franz II. von 1792 bis 1806 und ab 1804 bis 1835 als Franz I., Kaiser von Österreich.

ten, gewalttätigsten, härtesten Despotismus. Er liebt niemanden
[...]. Er hat keine Prinzipien und gar keinen Arbeitseifer, schreit,
schilt und bedroht alle und entmutigt sie. [...] Er kritisiert und
macht lächerlich alles, was die Minister machen, alles, was die Kaiserin macht, er widerspricht ihr in allem und ärgert sie ununterbro-
chen [...]. Er [ist] sehr gehaßt und gefürchtet«.[1]

Dieser Text entstand wahrscheinlich nach dem Bruch der beiden
unter dem Eindruck des Zorns, sodass es ihm sicher an Objektivität fehlt. Doch die Zusammenfassung von Josephs Verhältnis zu
den anderen Brüdern und Schwestern war zweifellos näher an der
Wahrheit:

»Von den beiden Schwestern sieht er *Maria Anna* fast niemals,
er hält sie für talentiert, aber er kann sie nicht leiden, weil er glaubt,
daß sie immer intriguiert, um in den Geschäften Leute zu empfeh-
len, was er nicht leiden kann. Die Elisabetha sieht er nie und sagt,
daß er sie nicht ausstehen kann, aber er läßt sich von ihr die Neuigkeiten erzählen, in der Öffentlichkeit jedoch und vor allen Leuten
verachtet und schmäht er alle beide.

Der *Maria [Christina]* erweist er mehr Liebenswürdigkeiten und
Aufmerksamkeit, aber er hat vor ihr eine große Angst und Verdacht, weil er weiß, daß sie immer mit der Kaiserin intriguiert, um
ihren Kreaturen Anstellungen und Pensionen zu verschaffen, er erzählt alle diese Dinge, die sie tut, und glaubt, daß sie die Kaiserin
sehr viel Geld kostet und immer in allen Angelegenheiten intriguiert. Er zeigt ihr seine Bosheit, indem er sie immer öffentlich lächerlich macht und boshafte Dinge sagt und ihrem Gemahl Prinz
Albert zufügt, den er manchmal lobt aber meistens verachtet und
in der Öffentlichkeit lächerlich macht; aber gegenüber der Maria
[Christina] hat er eine große Angst und Eifersucht. [...] [E]r ver-

---

1   A. Wandruszka, *Leopold II.*, a.a.O., Bd. I, S. 342 f.

achtet Ferdinand [...] weil er hinter seinem Rücken mit der Kaiserin intrigiert hat [...]. Er liebt Maximilian [...] weil er sich ihm ganz ausgeliefert hat und alles tut, was er will, mit unbeweglichem Gesicht und ohne jemals zu widersprechen und weil er sieht, daß er immer ein zweitrangiges Subjekt sein wird und nie so brillant, daß er ihn in den Schatten stellen [...] könnte«.[1]

Für die drei regierenden Schwestern blieb nur der lapidare Satz: »Um Neapel kümmert er sich nicht und ebenso wenig um Frankreich und er kann die Schwester in Parma nicht leiden«.[2] Seltsamerweise notierte Leopold über Josephs Verhalten gegenüber sich selbst und seiner Frau: »Für uns zeigte er aufrichtig große Aufmerksamkeit, Zutrauen und Freundschaft und Vertrauen«,[3] was offensichtlich von Seiten Leopolds nicht erwidert wurde. Er hatte kein positives Wort für seinen Bruder, was vermuten lässt, dass dieser wenig Verständnis oder Aufmerksamkeit für andere hatte. Auf einige seiner Schwestern traf das tatsächlich zu, aber nicht auf alle. Josepha hatte er sehr geliebt und ihren Tod 1767 beweint. Schließlich erwähnte er noch seine Zuneigung für Karolina und Antonia.

Als Karolina Wien Richtung Neapel verließ, zerriss es ihr das Herz, ihre Kindheit und ihre Familie zurücklassen zu müssen. Während der fast einmonatigen Reise schrieb er ihr viele zärtliche Briefe voller Ratschläge, wie sie eine gute Ehefrau und Königin sein könne. Darin war keine Spur von Zynismus, Kälte oder Eigeninteressen. Er wusste, dass seine Schwester auf das Leben, das sie erwartete, nicht vorbereitet war, und wollte ihr helfen. In einem der Briefe begann er: »Ich liebe Euch mehr als meine Bequemlichkeit, und die Freude, Euch zu schreiben, siegt über meine Faulheit«. Er endete mit den Worten: »Ade, liebe Schwester. Ich küsse

1   Ebd., S.347 f.
2   Ebd., S.347.
3   Ebd.

Euch so herzlich, wie ich es manchmal in der dunklen Passage getan habe, wenn wir vom Abendessen kamen. Seid glücklich und zufrieden [...]. Ich bin mein ganzes Leben Euer Diener und zärtlicher Joseph.«[1]

Nach Karolinas Abreise freute sich Joseph auf die Jüngste, Antonia: »Meine Schwester Antonia muss mich nun ertragen. Ich habe sie zu ›meiner kleinen Frau‹ erklärt und nun beansprucht sie mich fast jeden Abend; wir streiten oft, versöhnen uns aber auch wieder.«[2] Joseph pflegte sein Leben lang innige Beziehungen zu beiden Schwestern, selbst wenn diese sich manchmal gegen seinen autoritären Ton auflehnten und gegen seine Angewohnheit, mit ihnen wie mit Kindern zu sprechen. Die Königinnen von Neapel und Frankreich wussten, wie sie ihn zurechtstutzen mussten, ohne das Verhältnis zu ihm zu schädigen. 1784 schrieb Karoline an Maria Antonia, Josephs Aufenthalt in Neapel »erschien mir wie ein Traum, der schnell vergangen ist [...]. Er spricht von Euch nur mit unendlicher Zärtlichkeit [...]. Ich halte Euch für seine Favoritin und das beweist seinen guten Geschmack. Ich bin einverstanden, weil ich das Gleiche für Euch empfinde; und habt Ihr mich auch vergessen, so seid Ihr dennoch meine Liebe«.[3]

Karolina von Neapel unterhielt freundschaftliche Beziehungen zu allen ihren Geschwistern mit Ausnahme Amalias, besonders aber zu Maria Anna und Maria Christina.[4] Für Letztere galt das

---

1 Brief vom 17. April 1768; ÖStA HHStA, *Sonderbestände Nachlass Egon Caesar Conte Corti 1*, für das Buch: *Ich, eine Tochter Maria Theresias. Ein Lebensbild der Königin Marie Caroline von Neapel.*

2 Brief an Karolina vom 7. November 1768; ebd.

3 Brief vom 20. Januar 1784; ebd. Joseph II. blieb 19 Tage bei seiner Schwester.

4 Neapel, *Carteggio Borbonico Germania 96 u. 97*, von Karolina selbst zusammengefasste Briefe ihrer Geschwister nach dem Tod der Kaiserin (1781–1784). Unter anderem sind 99 Briefe von Maria Christina und 95 Briefe von Maria Anna enthalten.

Umgekehrte keineswegs. Außer Leopold, dessen Frau und Karolina stand »die Marie« den anderen abschätzig oder gar hasserfüllt gegenüber. Leopold zögerte nicht mit der Einschätzung, sie habe »Haß und Eifersucht« für Amalia von Parma, Marianna und Elisabeth. Vor allem Elisabeth war ihr verhasst – »besonders seit sie gemerkt hat, daß sie begonnen hat, Einfluß bei der Kaiserin zu gewinnen. Sie verfolgt sie dauernd, hetzt die Kaiserin und alle gegen sie auf, indem sie alles das eröffnet, was sie sagt und tut und indem sie sie lächerlich macht und sie ständig von oben herab und mit Verachtung, auch vor den Leuten, behandelt.«[1] Eifersucht und Hass beruhten auf Gegenseitigkeit, und so galt auch für die Schwester: »Sie hat einen ähnlichen Haß, aber noch heftiger, gegen die Erzherzogin in Mailand und meinen Bruder, weil sie sieht, daß die Kaiserin sie gerne hat und erzählt von ihnen schreckliche Dinge vor den Leuten und der Kaiserin, um sie gegen sie einzunehmen.«[2]

Mit Maria Antonia existiert kein schriftlicher Austausch, aber als sie sich im August 1785 in Paris aufhielt, wurde deutlich, dass die Schwestern einander nicht mochten. Schon 1780 hatte Maria Theresias Botschafter Mercy diese gewarnt, dass in deutschen Zeitungen von den Geschehnissen in Versailles berichtet wurde und die Königin herausgefunden habe, dass Joseph II. und Maria Christina sich darüber amüsierten. Er empörte sich darüber, dass »die Erzherzogin Marie [Christina] mit größter Eile versucht, sich [die Zeitungen] zu verschaffen, und sich über die kleinen Sarkasmen zu freuen scheint, die sie dort über die Königin findet«.[3] Sechs Jahre später bilanzierte Mercy das Verhältnis der Schwestern nach einem Besuch Alberts und Maria Christinas. Das Fazit fiel unmissverständlich

---

1 A. Wandruszka, *Leopold II.*, a. a. O., Bd. I, S. 350 f.
2 Ebd., S. 350.
3 15. August [1780]; vgl. A. v. Arneth u. M. A. Geffroy (Hg.), *Marie-Antoinette. Correspondance secrète*, a. a. O., Bd. III, S. 458.

aus: »Die Erneuerung der Bekanntschaft zwischen den beiden majestätischen Schwestern war nicht ohne Schwierigkeiten, und trotz meiner eifrigen Versuche, sie zu warnen oder abzulenken, ist mir dies nicht immer so gelungen, wie ich es gewünscht hätte. Alte Vorstellungen der Königin haben ihr den Eindruck vermittelt, die Erzherzogin wolle andere beeinflussen und bestimmen. Daraus ergab sich ein Widerspruch zwischen dem Wunsch der Erzherzogin, oft und lange in Versailles zu weilen, und den Versuchen der Königin, diese Besuche abzusagen oder zu verkürzen. Nichts von alldem zeigte sich jedoch im gegenseitigen Umgang nach außen.«[1]

Anders als unter den älteren Geschwistern herrschte zwischen den vier jüngsten Einigkeit. Amalia von Parma war bei allen unbeliebt – Ausnahmen bildeten nur ihre geliebte Maria Anna und in gewisser Hinsicht Ferdinand, ihr italienischer Nachbar.

Die mütterliche Verantwortung

Maria Theresia bevorzugte eindeutig drei der 13 Kinder, die sie großzog, und gab ihnen das, was sie den anderen verweigerte. Damit legte sie den Grundstein für die Eifersucht zwischen den Geschwistern, selbst unter den Favoriten. Diese – Joseph, Maria Christina und Ferdinand – stritten um die Aufmerksamkeit der Mutter und die Vorteile, die damit einhergingen. Die größte Eifersucht

---

1 Brief Mercys an Joseph II., Paris, 20. August 1786, zit. n. A. v. Arneth u. J. Flammermont, *Correspondance secrète du comte Mercy-Argenteau avec l'empereur Joseph II et le prince de Kaunitz*, Paris, 1891, Bd. II, S. 39 f. Als Beispiel für die Atmosphäre zwischen den beiden Schwestern kann dieses undatierte Schreiben von Marie-Antoinette an Mercy dienen: »Mein Schwager jagt am Montag mit dem König. Bitte macht, wenn möglich, deutlich, dass ich diese Tage für meine Angelegenheiten reserviere und allein sein möchte, damit sie mich nicht bittet, zu kommen, weil mich dies sehr stören würde.« Ebd., S. 40, Anm. 1.

herrschte jedoch zwischen den beiden ältesten, intelligentesten, die am meisten Macht über ihre Mutter hatten.

Die manchmal heftigen Streitigkeiten überschatteten zwar das Verhältnis Maria Theresias zu ihrem Mitregenten Joseph, doch empfand sie für diesen Sohn immer den größten Stolz. Ungeachtet der Erniedrigungen, die er ihr am Ende ihrer Regentschaft zumutete, konnte Leopold 1778 sagen: »Sie liebt aufs äußerste den Kaiser und kennt keine größere Befriedigung, als wenn sie sieht, dass ihm Lob und Beifall gespendet wird.«[1] Rosenberg bestätigte diese Einschätzung. Im selben Jahr schilderte er Leopoldine Kaunitz »die Zärtlichkeit der Kaiserin gegenüber dem Kaiser, den allein sie mehr liebt als ihre restlichen Kinder zusammen«.[2] Und doch hatte er nicht so viel Einfluss auf die Kaiserin wie Maria Christina. Auch den Grund dafür nannte Leopold – nicht ohne Zynismus: »Die Maria lebt für sich [...]. Sie, die sehr viel Talent hat, weiß und wußte die Kaiserin bei ihren Schwächen zu nehmen. Immer bedauert sie sie, gibt ihr recht, ist immer bei ihr zu allen Stunden und zu alle Zeiten, immer schreibt sie ihr und auf diese Weise hat sie sie völlig gewonnen und macht mit ihr, was sie will [...] und die Kaiserin, um sie nicht zu ärgern, weil sie ihr dann ein böses Gesicht zeigt, und um sie nicht zu verlieren, macht alles, was sie will. [...] Sie ist voll Ehrgeiz und Gewinnsucht. In allem will sie mehr bedient und ausgezeichnet sein als alle übrigen aus der Familie, sie gibt im Namen der Kaiserin Geld aus und verwendet ihre Dienerschaft als ob es ihre eigene wäre«.[3]

1 A. Wandruszka, *Leopold II.*, a. a. O., Bd. I, S. 335.
2 Brief Leopoldines an ihre Schwester, Prinzessin Eleonore von Liechtenstein, Wien, 31. Oktober 1778; Židenice, *Lobkowitz-Archiv*, P 16–17/23–24.
3 A. Wandruszka, *Leopold II.*, a. a. O., Bd. I, S. 350.

Maria Christina zahlte Josephs Hass in gleicher Münze zurück: »Sie hat auch eine große Abneigung und Haß gegen den Kaiser, weil er oft sie und ihren Gemahl lächerlich macht [...]; und sie stachelt die Kaiserin gegen ihn auf.«[1] Die heftige Eifersucht, die zwischen beiden herrschte, wurde auch von den Botschaftern in Wien bemerkt.

Es erstaunt nicht, dass Leopold und seine Frau Josephs Streitsucht (wenigstens bis 1778) und auch den Zumutungen Maria Christinas zeitlebens entgingen.[2] Da Leopold weit weg von Wien lebte und von seiner Mutter vielleicht weniger geliebt wurde, rief er bei seinen Geschwistern keine Eifersucht hervor. Doch angesichts seiner wilden Berichte über seine Brüder und Schwestern könnte er der Eifersüchtigste von allen gewesen sein … Maximilian schließlich wollte wirklich keinem der Brüder etwas Böses.

Maria Theresias Wunsch, eine geeinte Familie zu hinterlassen, erfüllte sich nicht. Dafür war sie zwar verantwortlich, sollte aber nicht deshalb verurteilt werden. Sie kümmerte sich wie keine Zweite aus ihrer Epoche und von ihrem Stand um all ihre Kinder und lieferte das Vorbild einer aktiven Mutterschaft, die sich in den kommenden Jahrhunderten durchsetzen sollte. Gewiss, sie war zu streng, zu autoritär, zu misstrauisch. Sie verbarg ihre Vorlieben nicht, war ungerecht und keine perfekte Mutter.

Doch wer kann schon behaupten, eine zu sein?

Überlassen wir ihr das letzte Wort zu ihrer Verteidigung:

»Die Erziehung meiner Kinder war immer mein wichtigstes und liebstes Anliegen. Wenn nicht alles nach meinen Anweisungen

---

1 Ebd., S. 351.
2 Die kinderlose Maria Christina machte den brillanten Karl Ludwig (1771–1847), Leopolds vierten Sohn, zu ihrem Erben. Als Reformator der österreichischen Armee erarbeitete sich dieser einen hervorragenden Ruf.

und Befehlen und nach den Gedanken, die ich mir gemacht habe, getan wurde, ist das nicht mein Fehler, sondern die Folge tausender Umstände, die uns in der Welt keine Vollkommenheit erreichen lassen und an unsere perverse und unglückliche Menschlichkeit gebunden sind.«[1]

Viele heutige Mütter könnten das Gleiche sagen.

1   Brief an Maximilian [April 1774]; BMT 2, S. 317.

ANHANG

DAS HAUS
HABSBURG-LOTHRINGEN

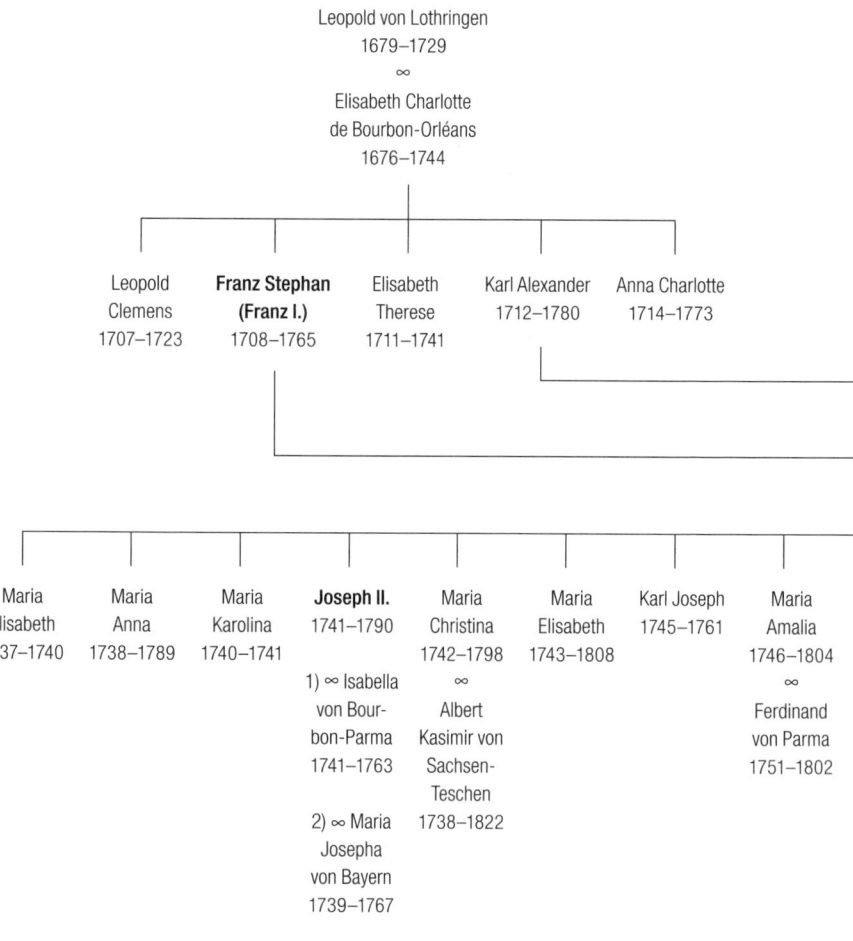

Leopold von Lothringen
1679–1729
∞
Elisabeth Charlotte
de Bourbon-Orléans
1676–1744

Leopold Clemens	**Franz Stephan (Franz I.)**	Elisabeth Therese	Karl Alexander	Anna Charlotte
1707–1723	1708–1765	1711–1741	1712–1780	1714–1773

Maria Elisabeth	Maria Anna	Maria Karolina	**Joseph II.**	Maria Christina	Maria Elisabeth	Karl Joseph	Maria Amalia
1737–1740	1738–1789	1740–1741	1741–1790	1742–1798	1743–1808	1745–1761	1746–1804
			1) ∞ Isabella von Bour-bon-Parma 1741–1763	∞ Albert Kasimir von Sachsen-Teschen 1738–1822			∞ Ferdinand von Parma 1751–1802
			2) ∞ Maria Josepha von Bayern 1739–1767				

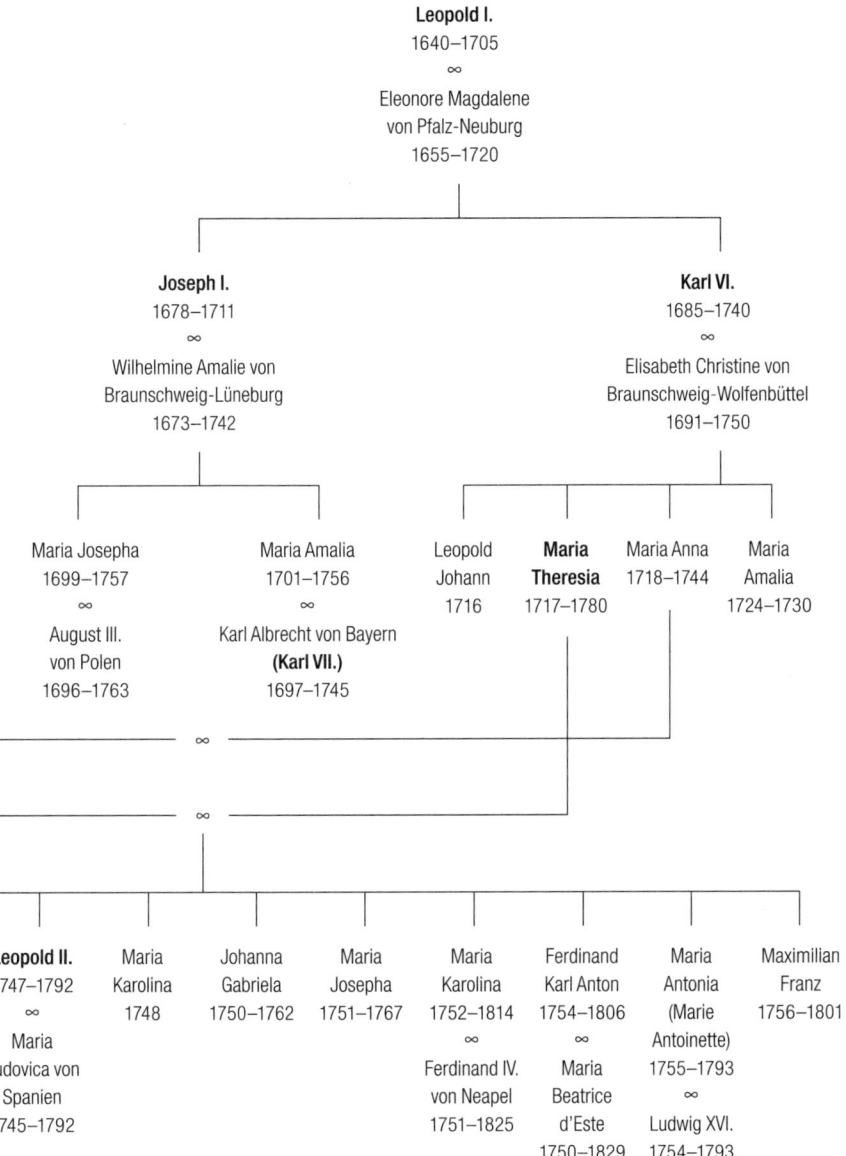

Leopold I.
1640–1705
∞
Eleonore Magdalene
von Pfalz-Neuburg
1655–1720

Joseph I.
1678–1711
∞
Wilhelmine Amalie von
Braunschweig-Lüneburg
1673–1742

Karl VI.
1685–1740
∞
Elisabeth Christine von
Braunschweig-Wolfenbüttel
1691–1750

Maria Josepha
1699–1757
∞
August III.
von Polen
1696–1763

Maria Amalia
1701–1756
∞
Karl Albrecht von Bayern
(Karl VII.)
1697–1745

Leopold
Johann
1716

**Maria
Theresia**
1717–1780

Maria Anna
1718–1744

Maria
Amalia
1724–1730

∞

∞

Leopold II.
1747–1792
∞
Maria
Ludovica von
Spanien
1745–1792

Maria
Karolina
1748

Johanna
Gabriela
1750–1762

Maria
Josepha
1751–1767

Maria
Karolina
1752–1814
∞
Ferdinand IV.
von Neapel
1751–1825

Ferdinand
Karl Anton
1754–1806
∞
Maria
Beatrice
d'Este
1750–1829

Maria
Antonia
(Marie
Antoinette)
1755–1793
∞
Ludwig XVI.
1754–1793

Maximilian
Franz
1756–1801

DANKSAGUNG

Mein Dank geht zuerst an meinen Kollegen und Freund Stephan Buchon, einen unermüdlichen, genauen und neugierigen Wissenschaftler, ohne den nichts möglich gewesen wäre.

Ich danke auch allen Mitarbeitern der *Archives du ministère des Affaires étrangères*, die aus der Bibliothek in La Courneuve einen traumhaften Ort für Wissenschaftler machen, sowie dem Österreichischen Staatsarchiv, das ausländische Wissenschaftler stets freundlich empfängt.

Ich will auch André Magnan meine tiefe Anerkennung aussprechen. Er hat mich auf die Archive der Provinz Geldern in Holland hingewiesen und mir geholfen, dort Zugang zu erhalten. Schließlich auch großen Dank an meine Lektorin, Sophie Berlin, und an meine Freundin Micheline Amar, deren Rat mir so wertvoll ist.

ABKÜRZUNGEN

BMT	*Briefe der Kaiserin Maria Theresia an ihre Kinder*
CP	Correspondance politique
FamA	Familienakten
HausA	Hausarchiv
HE EFA	Habsburg-Este Estensisches Famlienarchiv
HHStA	Haus-, Hof- und Staatsarchiv
KLA	Kärntner Landesarchiv (Klagenfurt)
LA	*Länderabteilungen*
MAE	Archives du ministère des Affaires étrangères
MTJ	*Maria Theresia und Joseph II. Ihre Korrespondenz*
ÖStA	Österreichisches Staatsarchiv
TKM	*Tagebuch des Fürsten Johann Josef Khevenhüller-Metsch*

QUELLEN

Deutschland

Amberg
Staatsarchiv Amberg
Schlossarchiv Köfering: 294, 295, 652, 653, 655
Berlin
Geheimes Staatsarchiv Preußischer Kulturbesitz
I. HA Rep. 81 Gesandtschaft Wien: 39
Dresden
Sächsisches Hauptstaatsarchiv Dresden
10026, *Geheimes Kabinett:* Loc. 741/1, 741/2, 2913/2
12528, *Fürstennachlass Maria Antonia:* 9
München
Bayerisches Hauptstaatsarchiv
Gesandtschaft Wien: 26

Österreich

Klagenfurt
Kärntner Landesarchiv (KLA)
Privatarchiv Familie Goëss: C 190
Familie Orsini-Rosenberg: 75, Fasz. 64/351 b u. g; 76, Fasz. 64/353 a u. c;
77, Fasz. 65/355 a-1, a-2, a-3, a-4; 78, Fasz. 65, 359, 362, u. 363 c;
86, Fasz. 71/379–1
Archiv des Elisabethinenklosters
Nachlass der Erzherzogin Maria Anna: Fasz. III/1–3

Linz

Oberösterreichisches Landesarchiv

Herrschaftsarchiv Schwertberg: 168

Herrschaftsarchiv Weinberg: 1239

Wien

Albertina (Museumsbibliothek)

Albert de Saxe-Teschen, Mémoires de ma vie: OLP 298

Österreichische Nationalbibliothek

Autograph: 1120/70–6, 1120/71–5, 1120/72–3

Österreichisches Staatsarchiv

Allgemeines Verwaltungsarchiv

Familienarchiv Trauttmansdorff: 125

Haus-, Hof- und Staatsarchiv (HHStA)

Habsburg-Este

Estensiches Familienarchiv, Persönliche Dokumente und Korrespondenz:

24, 34

Hausarchiv (HausA)

Handarchiv Kaiser Franz I.: 23

Familienakten: 54, 55

Familienkorrespondenz A: 36

Sammelbände: 10

Hofarchive

Obersthofmeisteramt, Hofzeremoniell-departement, Sonderreihe: 44

Kabinettsarchiv

Kabinettskanzlei, Nachlass Nenny: 2

Staatenabteilungen: France, Varia: 39

Länderabteilungen (LA) Belgien DD-B blau: 1–2, 3–4, 5

Sonderbestände

Khevenhüller/Riegersburg, Chronologische Reihe: 48, 149, 163, 165

Nachlass Egon Caesar Conte Corti

Ich, eine Tochter Maria Theresias. Ein Lebensbild der Königin

Marie Caroline von Neapel: 1

Frankreich

La Courneuve
Archives du ministère des Affaires étrangères (MAE)
Correspondance politique (CP)
  Autriche: vol. 22 *(supplément)*, 242, 256 bis, 257, 264, 265, 266, 275, 277,
  278, 281, 282, 286, 292, 296, 305, 308, 310, 312, 314, 315, 317, 318, 322,
  326, 336, 337, 341, 342, 343
  Bavière: vol. 154
  Naples: vol. 58, 75
  Sardaigne: vol. 224
Paris
Bibliothèque nationale de France
  Papiers Graffigny, n.a.f. 15579

Niederlande

Arnheim
Gelders Archief
  0613, *Familie Bentinck/Aldenburg Bentinck:* 629, 630, 631,
  632, 633, 635, 637, 641, 642, 644, 645, 647, 648, 650, 651, 653, 2172

Ungarn

Budapest
Ungarisches Nationalarchiv [Magyar Országos Levéltár]
  Sammlung verschiedener Schriften [Vegyes Iratok]: P 299-I.6/a-A.I.14

Italien

Parma
Staatsarchiv Parma [Archivio di Stato di Parma]
  Carteggio Borbonico Estero: 50
  Carteggio Borbonico Germania: 96, 97, 99

Turin

Staatsarchiv Turin [Archivio di Stato di Torino]

Dokumente zu außenpolitischen Beziehungen, Briefe der Minister/
Österreich [Materiale per rapporto all'estero – Lettere Ministri Austria]: 89

Tschechien

Brno

Mährisches Regionalarchiv [Moravský zemský archiv v Brně]

Familienarchiv Salm-Reifferscheidt [Rodinný archiv Salm-Reifferscheidt]
G 150: 27, 148

Familienarchiv Tarouca [Rodinný archiv Sylva-Taroucců] G 445: 12, 82
23-A-1; 14, 86 23-B-3; 16, 89 23-C-2

Litoměřice

Staatsarchiv Litoměřice [Státní oblastní archiv v Litoměřích] (Židenice):
Lobkowitz-Archiv 1: P 16/19; P 16/2; P 16–17/23–24

Prag

Nationalarchiv [Národní archiv]

RAM-Acta Clementina 11: 1/20, 1/21, 2/23

LITERATUR

Arneth, Alfred v., *Geschichte Maria Theresias*, 10 Bde., Wien, Wilhelm Braumüller, 1863–1879.

–, *Briefe der Kaiserin Maria Theresia an ihre Kinder und Freunde*, 4 Bde., Wien, Wilhelm Braumüller, 1881.

–, *Maria Theresia und Joseph II. Ihre Korrespondenz samt Briefen Josephs an seinen Bruder Leopold*, 3 Bde., Wien, Carl Gerold's Sohn, 1867–1868.

–, *Maria Theresia und Marie Antoinette. Ihr Briefwechsel*, 2. Aufl., Leipzig, K. F. Köhler, 1866.

Arneth, Alfred v. u. Flammermont, Jules (Hg.), *Correspondance secrète du comte Mercy-Argenteau avec l'empereur Joseph II et le prince de Kaunitz*, 2 Bde., Paris, Imprimerie nationale, 1889–1891.

Arneth, Alfred v. u. Geffroy, Mathieu Auguste (Hg.), *Marie-Antoinette. Correspondance secrète entre Marie-Thérèse et le comte de Mercy-Argenteau avec les lettres de Marie-Thérèse et de Marie-Antoinette*, 3 Bde., Paris, Librairie de Firmin Didot Frères, 1874.

Badinter, Elisabeth, *Maria Theresia. Die Macht der Frau*, Wien, Paul Zsolnay Verlag, 2017.

–, *Der Infant von Parma oder Die Ohnmacht der Erziehung*, München, C. H. Beck, 2014.

– (Hg.), *Isabelle de Bourbon-Parme. »Je meurs d'amour pour toi …«, Lettres à l'archiduchesse Marie-Christine, 1760–1763*, Paris, Tallandier, 2008.

Beales Derek, *Joseph II*, Bd. I, *In the Shadow of Maria Theresa, 1741–1780*, Cambridge, Cambridge University Press, 1987.

Beer, Adolf, (Hg.), *Joseph II., Leopold II. und Kaunitz. Ihr Briefwechsel*, Wien, Wilhelm Braumüller, 1873.

Bicchieri, Emilio (Hg.), »Lettere Famigliari dell'Imperatore Giuseppe II a Don Filippo e Don Ferdinando (1760–1767)«, in: *Atti et Memorie delle R. R. Deputazioni di Storia Patria per le Province Modenesi e Parmensi*, Modena, G. T. Vincenzi e nipoti, 1868, Bd. 4.

Cerman, Ivo, *Habsburgischer Adel und Aufklärung. Bildungsverhalten des Wiener Hofadels im 18. Jahrhundert*, Stuttgart, Franz Steiner, 2010.

Cortquisse, Bruno de, *Mesdames de France. Les filles de Louis XV*, Paris, Perrin, 1990.

Courbet, André, *Correspondance de Valentin Jamerey-Duval, Bibliothécaire des Ducs de Lorraine*, 4 Bde., Paris, Honoré Champion, 2011–2019.

Dainard, J. A. (Hg.), *Correspondance de Mme de Graffigny*, 15 Bde., Oxford, University of Oxford, Voltaire Foundation, 1985–2016.

Galand, Michèle (Hg.), *Journal secret de Charles de Lorraine, 1766–1779*, Bruxelles, M. Hayez, 2000.

Innerkofler, Adolf, *Eine große Tochter Maria Theresias: Erzherzogin Marianna in ihrem Hauptmonument, dem Elisabethinen-Kloster zu Klagenfurt*; Jubelgabe zur Feier des 200-jährigen Bestehens vom Elisabethinen-Konvent, Innsbruck, Verlag der Vereinsbuchhandlung, 1910.

Karajan, Theodor Georg v., *Maria Theresia und Graf Sylva-Tarouca. Ein Vortrag gehalten in der feierlichen Sitzung der kaiserlichen Akademie der Wissenschaften am 30. Mai 1859*, Wien, K. K. Hof- und Staatsdruckerei, 1859.

Khevenhüller-Metsch, Johann Josef, *Aus der Zeit Maria Theresias. Tagebuch des Fürsten Johann Josef Khevenhüller-Metsch, kaiserlichen Obersthofmeisters*, 8 Bde., Wien, Adolf Holzhausen, 1907–1982.

Kölving, Ulla u. Brown, Andrew (Hg.), *La Correspondance d'Émilie du Châtelet*, Centre international d'étude du XVIIIe siècle Ferney-Voltaire, 2 Bde., Paris, Almavire, 2018.

Kubiska-Scharl, Irene u. Pölzl, Michael (Hg.), *Die Karrieren des Wiener Hofpersonals, 1711–1765: eine Darstellung anhand der Hofkalender und Hofparteienprotokolle*, Innsbruck, Studien, 2013.

–, *Das Ringen um Reformen: der Wiener Hof und sein Personal im Wandel (1766–1792)*, Mitteilungen des österreichischen Staatsarchivs, Innsbruck, Studien, 2018, Nr. 60.

Lavandier, Jean-Pierre (Hg.), *Lettres de l'impératrice Marie-Thérèse à Sophie d'Enzenberg (1746–1780). »Le soleil me paraît noir«*, Paris, Honoré Champion, 2019.

Lettenhove, Joseph Kervyn de (Hg.), »Lettres inédites de Marie-Thérèse et de Joseph II«, in: *Mémoires couronnés et autres mémoires*, Bruxelles, M. Hayez, 1868, Bd. XX.

Lever, Évelyne, *Marie-Antoinette. Correspondance (1770–1793)*, Paris, Tallandier, 2005.

Lippert, Woldemar (Hg.), *Kaiserin Maria Theresia und Kurfürstin Maria Antonia von Sachsen, Briefwechsel 1747–1772*, Leipzig, B.G. Teubner, 1908.

Masnovo, Omero, »La Corte di Don Filippo di Borbone nelle ›relazioni segrete‹ di due ministri di Maria Teresa«, in: *Archivio Storico per le province Parmensi*, Parma, Presso la R. deputazione di Storia Patria, 1914, Reihe II, Bd. XIV.

Montaigne, Michel de, *Œuvres complètes*, Paris, Gallimard, »Bibliothèque de la Pléiade«, 1962.

Rhyn, René van (Hg.), »Unveröffentlichte Briefe der Kaiserin Maria Theresia«, in: *Österreichische Rundschau*, Nr. 33, Wien, K.u.K. Hofdruckerei und Hofverlagsbuchhandlung Carl Fromme, 1912.

Saint-Priest, Alexis de, *Études diplomatiques et littéraires*, Paris, Amyot, 1850, Bd. II.

Wandruszka, Adam, *Leopold II.: Erzherzog von Österreich, Großherzog von Toskana, König von Ungarn und Böhmen, Römischer Kaiser*, 2 Bde., Wien, Herold, 1963–1965.

Wolf, Adam, *Aus dem Hofleben Maria Theresias, nach den Memoiren des Fürsten Josef Khevenhüller*, 2. Aufl., Wien, Carl Gerold's Sohn, 1859.

–, *Marie-Christine, archiduchesse d'Autriche, gouvernante des Pays-Bas*, 2 Bde., Brüssel, Imprimerie Bauvais, 1881.

–, *Tableau de la cour de Vienne en 1746, 1747, 1748. (Relations diplomatiques du comte de Podewils, ministre plénipotentiaire, au Roi de Prusse Frédéric II)*, Sitzungen der kaiserlichen Berichte der Wissenschaften. Philosophisch-historische Classe, Nr. 5, Wien, Wilhelm Braumüller, 1850.

REGISTER